Christine Nöstlinger

Eine mächtige Liebe

Geschichten für Kinder

*Mit farbigen Bildern von Janosch
zur Erzählung »Einer«*

Gulliver Taschenbuch 236
Einmalige Sonderausgabe
© 1991, 1996 Beltz Verlag, Weinheim und Basel
Programm Beltz & Gelberg, Weinheim
Alle Rechte vorbehalten
Einband von Franziska Biermann
Gesamtherstellung Druckhaus Beltz, 69494 Hemsbach
Printed in Germany
ISBN 3 407 78236 5

Gulliver Taschenbuch 236

Christine Nöstlinger, geboren 1936, lebt in Wien. Sie veröffentlichte Gedichte, Romane, Filme und zahlreiche Kinder- und Jugendbücher. Im Programm Beltz & Gelberg erschienen unter anderem *Wir pfeifen auf den Gurkenkönig* (Deutscher Jugendbuchpreis), *Maikäfer flieg!* (Buxtehuder Bulle, Holländischer Jugendbuchpreis), *Lollipop*, *Zwei Wochen im Mai*, *Hugo, das Kind in den besten Jahren, Oh, du Hölle!*, *Der Hund kommt!* (Österreichischer Staatspreis), *Der Neue Pinocchio, Der Zwerg im Kopf* (Zürcher Kinderbuchpreis »La vache qui lit«), *Wie ein Ei dem anderen*, das Jahrbuch *Ein und Alles* (zusammen mit Jutta Bauer), *Einen Vater hab ich auch, Der TV-Karl* und zuletzt *Vom weißen Elefanten und den roten Luftballons*. Für ihr Gesamtwerk wurde Christine Nöstlinger mit der internationalen Hans-Christian-Andersen-Medaille ausgezeichnet.

Inhalt

Botschaft an die Kinder in der Welt 7

Was meine Tochter sagt 9

Tomas 11

Die große Gemeinheit 13

Hugos Hühner 20

Von der Wewerka 36

Ich bin das Kind der Familie Meier 41

Links unterm Christbaum 42

Die Glücksnacht 49

Streng – strenger – am strengsten 53

Gugerells Hund 66

Ich 77

Ein Brief an Leopold… 78

Die Kummerdose 81

Jonny 85

Die Zwillingsbrüder 94

Einer 98

Florenz Tschinglbell 129

Der Bohnen-Jim 137

Was mein Vater sagt 142

Meine Oma 143

Ich schiele 144

Mein Großvater 145

Der schwarze Mann 146

Eine mächtige Liebe 151

Was nur dem Franzerl sein Schutzengel weiß 164

Auszug aus einer alten Stadtchronik 165

Sepp und Seppi 170

Anna und die Wut 180

Als die Väter weg waren 186

Zuckerschlecker 192

Botschaft an die Kinder in der Welt zum Andersen-Tag*

Auf der Welt ist sehr wenig so, wie es sein sollte. Auf der Welt ist fast alles so, wie es nicht sein sollte.

Nur wenigen Menschen geht es gut. Den meisten Menschen geht es schlecht.

Und dort, wo es den Erwachsenen schlecht geht, geht es den Kindern noch schlechter.

Laut schreien, kämpfen, sich mit anderen zusammentun, etwas verändern scheint also im Moment nötiger, als ein Buch zu haben und darin zu lesen. Aber wenn man die Welt verändern will, muß man Bescheid wissen. Man muß das Falsche vom Richtigen auseinanderhalten können. Man darf nicht auf Lügen hereinfallen. Die Menschen lügen mit Wörtern und Sätzen. Aufgeschriebene Wörter und Sätze lassen sich besser als gehörte Wörter und Sätze auf »falsch oder richtig« kontrollieren.

Es ist sicher nicht so – wie viele Leute sagen – , daß Fernsehen dumm mache und Bücher klug machen. Aber das Fernsehen gehört auf der ganzen Welt denen, die an der Macht sind, und die sind dafür, daß es auf der Welt so ist, wie es ist. Viele Bücher sind auch dafür. Aber es gibt

---

* In jedem Jahr am 2. April (Geburtstag von Hans Christian Andersen)
Für ihr Gesamtwerk erhielt Christine Nöstlinger den höchsten internationalen Jugendbuchpreis, die Hans-Christian-Andersen-Medaille.

Botschaft an die Kinder in der Weltzum Andersen-Tag

eine Menge Bücher, in denen man lesen kann, wie es auf der Welt wirklich zugeht, und warum es auf der Welt so zugeht.

Um zu wissen, was ihr laut schreien sollt, um zu wissen, wofür ihr kämpfen sollt, um zu wissen, wo ihr mit dem Verändern anfangen sollt, können Bücher eine Hilfe sein, die ihr von sonst niemandem bekommt.

Was meine Tochter sagt

Meine Tochter sagt, immer wenn die Sonne hinter der Tabakfabrik untergeht, dann stinkt es.

Ich warte, bis die Sonne hinter der Tabakfabrik untergeht. Ich schnuppere. Ich rieche nicht, daß es stinkt.

Meine Tochter sagt, immer wenn die Sonne über dem großen Haus aufgeht, dann wird alles im Zimmer hellgrün.

Ich warte, bis die Sonne über dem großen Haus aufgeht. Ich schaue, aber ich sehe nicht, daß irgend etwas im Zimmer hellgrün wird.

Meine Tochter sagt, immer wenn sich eine Wolke vor die Sonne schiebt, dann saust es in den Ohren.

Ich warte, bis eine Wolke über der Sonne ist, aber in meinen Ohren saust es nicht.

Meine Tochter sagt, immer wenn die Sonne ganz stark scheint, dann schmeckt das Cola wie Milchkaffee.

Ich warte, bis die Sonne ganz stark scheint, und trinke Cola.

Mein Cola schmeckt wie Cola.

Meine Tochter sagt, mitten in der Nacht, wenn die Sonne nicht da ist, dann fühlt sich ihr Leintuch an wie Schmirgelpapier.

Ich warte, bis die Sonne weg ist. Bis es stockdunkel ist. Doch auch mitten in der Nacht ist mein Leintuch glatt und weich.

Was meine Tochter sagt

Meine Mutter sagt, alles, was meine Tochter über die Sonne erzählt, ist Unsinn. Aber das kann nicht stimmen. Meine Tochter ist ein sehr kluges Kind. Die erzählt keinen Unsinn.

Tomas

Tomas ist fünf Jahre alt. Seine Mutter nennt ihn: *Kleiner Tomas*. Sein Vater ruft ihn: *Großer Tomas*. Seine Schwester sagt zu ihm: *Blöder Tomas*. Die Großmutter nennt ihn: *Tomi-lein-lein*. Die Tante sagt zu ihm: *Dick-Tom*. Die Nachbarin sagt zu ihm: *Tomas*.

Die Mutter will, daß der *kleine Tomas* den Teller leer ißt. Der Vater will, daß der *große Tomas* nicht weint, wenn er traurig ist. Die Schwester will, daß der *blöde Tomas* unter dem Bett liegen und bellen soll, weil sie einen Hund braucht. Die Großmutter will, daß *Tomi-lein-lein* zu allen Leuten brav »guten Tag« sagt. Die Tante will, daß *Dick-Tom* Buchstaben auf ein Blatt Papier malt. Die Nachbarin will überhaupt nichts von *Tomas*. Die Mutter stört es, daß der *kleine Tomas* in der Nase bohrt. Den Vater stört es, daß der *große Tomas* die Erbsen aus dem Teller holt und auf den Tisch legt. Die Schwester stört es, daß der *blöde Tomas* mit dem Filzstift einen roten Strich in ihr Rechenheft macht. Die Großmutter stört es, daß *Tomi-lein-lein* nur einschlafen kann, wenn die Nachttischlampe brennt. Die Tante stört es, daß *Dick-Tom* singt, wenn sie der Mutter etwas erzählen will. Die Nachbarin stört überhaupt nichts an *Tomas*.

Tomas sagt: »Ich möchte, daß die Nachbarin meine Mutter und mein Vater und meine Schwester und meine Großmutter und meine Tante wird!«

Die Mutter und der Vater und die Schwester und die Großmutter und die Tante rufen im Chor: »Dann geh doch zur Nachbarin, *Klein-Groß-Blöd-Dick-Tomi-lein-lein!*«

Aber die Nachbarin will den *Tomas* überhaupt nicht haben.

Die große Gemeinheit

Manchmal erzählen erwachsene Leute von den großen Gemeinheiten, die ihnen erwachsene Leute damals – als sie noch Kinder waren – angetan haben. Denen, die zuhören, kommt es dann oft gar nicht schrecklich vor. Die denken sich: Was regt sich der auf, wenn dem nichts Ärgeres im Leben passiert ist, dann soll er froh sein! Doch was für einen arg ist, kann man nur selber wissen.

Wenn der Ernsti von viel früher erzählt und von der großen Gemeinheit, die man ihm angetan hat, dann ist das eine Weihnachtsgeschichte.

Es ist schon fast vierzig Jahre her. Der Ernsti war neun Jahre alt. Er wohnte auf dem Land in einem kleinen Dorf. Seine Eltern waren dort die Kaufmannsleute. Und er war ihr ältester Sohn. Einen kleinen Bruder und eine ganz kleine Schwester hatte er auch.

Die anderen Leute im Dorf nahmen Weihnachten nicht wichtig. Die waren Bauern. Bei denen gab es zu Weihnachten nur einen winzigen Christbaum, mit nichts anderem drauf als ein paar weißen Kerzen. Und die Bauernkinder bekamen zu Weihnachten Fäustlinge oder eine Mütze oder einen Schal. Und weiße Semmeln. Sonst gab es nur selbstgebackenes Brot. Das schmeckt gut, wenn es frisch ist. Aber die Bauern backten nur alle drei Wochen. Brot, das drei Wochen alt ist, schmeckt

Die große Gemeinheit

nicht gut. Da freut man sich schon über weiße Semmeln, doch sehr wichtig sind sie einem auch wieder nicht.

Die Kaufmannskinder und die Doktorkinder waren die einzigen Kinder im Dorf, für die Weihnachten mehr bedeutete als weiße Semmeln und Fäustlinge. Die Mutter von dem Ernsti liebte Weihnachten besonders. Sie tat immer sehr geheimnisvoll. Einmal in der Woche fuhr sie in die Stadt, und wenn sie wiederkam und es war schon Herbst, dann hatte sie auch immer ein Päckchen in der Tasche, das war fest verschnürt, und sie sagte: »Das hat mir das Christkind mitgegeben!«

Alle Päckchen, die das Christkind der Ernsti-Mutter mitgegeben hatte, kamen in die Kredenz vom Wohnzimmer, und der Schlüssel von der Kredenz war in der Schürzentasche der Ernsti-Mutter. Niemand außer ihr und dem Christkind durfte in die Kredenz hineinschauen.

Anfang Dezember brachte sie auch den Adventskalender. Und der Ernsti zählte jeden Tag, wievielmal er noch ins Bett gehen oder schlafen mußte, bevor der Weihnachtstag endlich da war. Und er dachte auch immer an die Kredenz. Denn die Weihnachtsgeschenke waren eine sehr unsichere Sache. Sagte der Ernsti: »Ich wünsche mir zu Weihnachten neue Ski!«, dann wiegte die Ernsti-Mutter den Kopf und sagte: »Ich weiß wirklich nicht, ob du dem Christkind brav genug warst für neue Ski!« Aber dann lächelte sie doch wieder so geheimnisvoll, daß der Ernsti dachte: Sicher bekomme ich Ski!

14

Die große Gemeinheit

Und dann wieder, wenn der Ernsti etwas tat, was nicht besonders brav war, dann sagte die Ernsti-Mutter: »Da wird gleich das Christkind kommen und alle Päckchen zurückholen!«

In der Gegend, wo der Ernsti lebte, schneite es schon im November, und der Schnee schmolz den ganzen Winter nicht weg. Jeden Tag, bis zum April hin, konnte man Ski fahren. Und oft mußte man Ski fahren. Im Winter holte der Ernsti die Milch vom Bauern auf den Skiern. Und in die Schule fuhr er auch auf Skiern. Skier waren wichtig für den Ernsti. Und genauso wichtig waren die Bücher. Die Bücher brachte das Christkind. Wenn man nur einmal im Jahr Bücher bekommt, dann ist man schon sehr neugierig, ob es auch die richtigen Bücher sind. Wenn man nur einmal im Jahr Bücher bekommt, dann braucht man Bücher zum Immer-wieder-Lesen. Bücher, wo Seiten drin sind, die man jeden Abend lesen kann.

Täglich fragte der Ernsti seine Mutter: »Krieg ich die ›Deutschen Heldensagen‹ zu Weihnachten?« Und die Ernsti-Mutter lächelte und sagte: »Da mußt du das Christkind fragen!«

Das ganze Glück also hing vom Christkind ab, und der Ernsti-Mutter machte das Spaß. Sie hielt das auch für ein gutes Erziehungsmittel. Fast zwei Monate lang hatte sie brave Kinder, die immer folgten und nur ganz selten schlimm waren oder frech, damit sie das Christkind nicht verärgerten. Die Kinder wußten natürlich, daß es kein

Die große Gemeinheit

Christkind gibt, aber das wagten sie nicht zu sagen; auch das hätte das Christkind verärgern können.

Mit jedem Tag zu Weihnachten hin jedenfalls wurde der Ernsti aufgeregter, und an manchen Abenden lag er im Bett und dachte darüber nach, ob er das größte Verbrechen der Welt wagen sollte. Das größte Verbrechen der Welt war, den Schlüssel zur Kredenz aus der Schürze der Mutter zu nehmen und nachzusehen, ob die ›Deutschen Heldensagen‹ drin waren. Und jeden Tag durchforschte er erfolglos den Dachboden und den Keller und schaute nach einem länglichen Paket; Ski paßten ja nicht in die Kredenz.

Und dann kam der 24. Dezember. Der Ernsti war schon längst wach, als es draußen noch dämmerte. Und er war schon fertig angezogen und vor dem Haus, als sein Vater noch beim Frühstück saß. Er wollte mit dem Vater den Christbaum vom Bauern holen. Entsetzlich lang wartete er vor dem Haus. Und er fror erbärmlich. Dann lief er ins Haus zurück, den Vater holen. Der Vater und die Mutter waren im Zimmer beim kleinen Bruder. Der kleine Bruder hatte vorgestern gehustet, gestern hatte er Fieber bekommen, und nun lag er im Bett und hatte hohes Fieber. Dabei war es doch noch zeitig am Morgen; um diese Zeit hat man selten hohes Fieber. Er keuchte auch sonderbar und gab keine Antwort, wenn man ihn etwas fragte.

Die Mutter rief den Doktor an, aber der war nicht zu Hause. Nur die Frau vom Doktor war zu Hause. Die

Die große Gemeinheit

versprach: »Gleich wenn er zurückkommt, schick ich ihn rüber!«

Der Ernsti ging wieder vors Haus. Er machte Schneebälle und warf sie gegen den Zaun. Er rutschte den eisigen Weg zur Straße auf dem Hintern hinunter und wartete, daß endlich der Doktor käme und daß endlich der Vater käme, um den Christbaum mit ihm zu holen. Er wurde immer ungeduldiger.

Zu Mittag holte ihn das Dienstmädchen ins Haus und schimpfte sehr. Sie sagte, wenn er dauernd im Schnee herumrenne, würde er auch bald so krank sein wie der kleine Bruder.

Der Ernsti blieb in der Küche sitzen.

Dann kam der Doktor, und er sagte, der kleine Bruder habe eine Lungenentzündung und müsse ins Spital. Damals gab es noch kein Penicillin, und eine Lungenentzündung war eine sehr schwere Krankheit. Die Mutter weinte. Der Vater weinte nicht, aber er hatte auch schreckliche Angst um seinen kleinen Sohn.

In eine Decke gewickelt, brachten die Männer vom Rettungsdienst den kleinen Bruder auf einer Trage zum Auto. Sie schoben ihn hinein und schlossen die Autotür. Dann stiegen sie ein und fuhren weg.

Der Vater holte seinen alten Volkswagen aus der Garage, und die Mutter setzte den grünen Hut auf und schlüpfte in den Fuchsmantel und weinte und schneuzte sich. Das Dienstmädchen weinte auch, und die ganz kleine Schwester plärrte. (Aber die plärrte oft.)

17

Die große Gemeinheit

Um den Ernsti kümmerte sich niemand. Er lief hinter seiner weinenden Mutter her, als die zum Auto ging. »Wo fahrt ihr denn hin?« fragte er.

»In die Stadt, ins Spital«, schluchzte die Mutter.

Die Stadt war weit weg, ein Spital hatte der Ernsti noch nie gesehen. Er hatte sehr lange gewartet, war sehr lange brav gewesen, hatte sich beherrscht und das größte Verbrechen der Welt nicht begangen. Jeden Tag hatten sie ihm gesagt: »Am 24. Dezember wird man ja sehen, ob du dem Christkind brav genug gewesen bist!« Und nun war der 24. Dezember, und seine Eltern stiegen ins Auto und wollten einfach wegfahren.

Der Ernsti hielt die Mutter am Mantel fest, hinderte sie am Einsteigen und fragte: »Und was ist jetzt mit den Geschenken?«

Da schrie ihn der Vater an: »Dein kleiner Bruder ist todkrank, und du Schweinskerl denkst nur an die Geschenke!« Und dann schubste er den Ernsti vom Auto weg.

Das Dienstmädchen hat dann den Christbaum vom Bauern geholt und aufgeputzt. Spät am Nachmittag sind der Vater und die Mutter von der Stadt zurückgekommen. Die Mutter hat nicht mehr geweint, weil die Ärzte im Spital geschworen hatten, daß der kleine Bruder in ein paar Wochen ganz sicher wieder gesund sein wird.

Geschenke hat es für den Ernsti in diesem Jahr natürlich auch gegeben. Ob es Ski und ›Deutsche Heldensagen‹ waren, weiß der Ernsti heute nicht mehr. Er

18

Die große Gemeinheit

erinnert sich nur noch an das schreckliche Gefühl: Sie halten mich alle für einen schlechten Menschen! Und er wußte nicht, ob sie damit recht hatten. Und das war das Ärgste für ihn.

Heute noch verteidigt sich der Ernsti deswegen und beteuert, daß er auch um den kleinen Bruder Angst gehabt hat, und sagt, daß man doch kein schlechter Mensch ist, wenn man neben der Angst auch noch an den Lohn für das Bravsein denkt.

Weihnachten übrigens mag er nicht mehr. Und Ski und ›Heldensagen‹ und andere Sachen, die Kinder gern mögen, kauft er seinen Töchtern lieber an ganz gewöhnlichen Donnerstagen oder Freitagen und schenkt sie dann auch gleich her; ob die Töchter an diesen Tagen brav waren, interessiert ihn überhaupt nicht.

Hugos Hühner

Am Gründonnerstag – das ist der Tag vor Ostern, an dem fast alle Leute Spinat essen – ging Hugos Mutter zum Fleischer, um den Osterschinken zu bestellen. Neben der Fleischerei war ein Blumenladen, und in der Auslage vom Blumenladen lag ein Rasenziegel, umkränzt von Veilchen und Primeln und Schneeglöckchen. Und in der Mitte des Rasenziegels saßen sechs winzige, dottergelbe Küken.

Hugos Mutter sagte zu sich: »Die sind aber sehr lieb!«

Am Karfreitag – das ist der Tag vor Ostern, an dem fast alle Leute kein Fleisch essen – ging Hugos Mutter zum Fleischer, um den Osterschinken abzuholen. Sie kam wieder am Blumenladen vorbei. Diesmal liefen die sechs winzigen, dottergelben Küken zwischen den Veilchen und den Primeln und den Schneeglöckchen herum.

Hugos Mutter sagte zu sich: »Die sind aber ganz, ganz wunderlieb!«

Am Karsamstag – das ist der Tag vor Ostern, an dem fast alle Leute Eier färben – ging Hugos Mutter zum Friseur. Zufällig war die Dame, die neben Hugos Mutter zu sitzen kam, die Blumenhändlerin mit den sechs winzigen, dottergelben Küken in der Auslage.

Hugos Mutter sagte zur Blumenhändlerin: »Die Küken in Ihrer Auslage sind ganz, ganz ungeheuer wunderlieb!«

Unter der Trockenhaube dann schlief Hugos Mutter – weil sie vom großen Osterputz sehr müde war – ein. Und da hatte sie einen Traum. Im Traum sah sie ihr Wohnzimmer: Auf dem Hirtenteppich, vor der Sitzbank lagen die Ostergeschenke für ihren Hugo. Die Schokoeier, die Marzipanhasen, die Bausteine, die Unterhemden und die Bilderbücher. Alles, was Hugos Mutter in den letzten Wochen für ihren Hugo zusammengetragen hatte. Und dazwischen liefen die sechs winzigen, dottergelben Küken herum. Und dann sah Hugos Mutter – im Traum – Hugos Augen. Hugos Augen waren so groß wie Wagenräder vor Staunen, und alles Glück der Welt lag in ihnen.

Als das Lehrmädchen die Trockenhaube abstellte, wachte Hugos Mutter auf. Sie erzählte dem Lehrmädchen und der Blumenfrau von ihrem Traum, und da sagte die Blumenfrau: »Das muß kein Traum bleiben. Ich borge Ihnen die Küken über Ostern.«

»Das würden Sie für meinen Hugo tun?« rief Hugos Mutter begeistert.

»Aber natürlich«, sagte die Blumenfrau. »Wir sperren den Laden um fünfzehn Uhr. Gleich nachher bringe ich Ihnen die Küken!«

Hugos Mutter erklärte der Blumenfrau genau, in welchem Haus, hinter welcher Tür sie wohne, dann ging sie nach Hause und summte dabei glücklich vor sich hin, vor Freude über die Freude, die ihr Hugo bald haben würde.

Am Nachmittag ging Hugos Vater mit Hugo spazieren. »Daß ihr ja nicht vor fünfzehn Uhr zurückkommt!« sagte Hugos Mutter geheimnisvoll.

Als Hugo und sein Vater vom Osterspaziergang zurückkamen, war alles genauso wie im Traum von Hugos Mutter: Der Teppich, die Sitzbank, die Geschenke, die Küken und Hugos Augen. (Nur Hugos Vater schaute entsetzt. Doch vor lauter Glück über das Glück in Hugos Augen fiel das Hugos Mutter nicht auf.) Es wurde ein Ostern wie noch nie!

Hugo spielte mit den Küken. Er sagte nicht, wie früher oft: »Mir ist so langweilig!« Er aß, was sonst selten vorkam, seinen Teller schnell leer, damit er wieder zu seinen Küken laufen konnte, und er freute sich, was niemand für möglich gehalten hätte, sogar auf die Schule. »Die werden alle staunen«, sagte er, »wenn ich ihnen von meinen lebendigen Küken erzähle!«

Am Dienstag nach Ostern ging Hugos Mutter zum Blumenladen. Sie wollte die Blumenfrau fragen, ob Hugo die Küken nicht noch ein paar Tage behalten dürfe, weil er sie so liebgewonnen habe.

Der Blumenladen war geschlossen.

Die Blumenfrau wird den Osterurlaub verlängert haben, dachte Hugos Mutter und freute sich.

Sie kaufte in der Tierhandlung eine Tüte Kükenfutter und lief nach Hause. Wie sie zur Wohnungstür kam, hörte sie drinnen in der Wohnung Hugos Vater schimpfen und Hugo weinen.

Hugos Mutter machte die Wohnungstür auf und sah ihren Hugo. Er hielt ein Paket in der Hand. Darauf stand: *Siam-Patna-Reis-1A-Qualität*. Der Vorzimmerboden war voll Reis. Die Küken pickten Reis, und Hugos Vater rief: »Jetzt schau dir die Schweinerei an!«

Und Hugo schluchzte: »Mama, ich habe doch nur Magd auf dem Bauernhof gespielt!«

»So hör doch zu schimpfen auf«, flüsterte Hugos Mutter Hugos Vater zu. »Unser Hugo ist doch so glücklich mit den Wusi-Henderln!«

Hugos Vater hörte zu schimpfen auf. Er sagte kein Wort, als seine gute Hose, die er über einen Stuhl gelegt hatte, voll Kükendreck war. Er sagte kein Wort, als die Nachbarin kam und schnüffelte und fragte, was denn da so stinke. Doch als er in der nächsten Nacht zehnmal munter wurde, weil sich die Küken sein Bett und seinen Bauch als Schlafplatz ausgesucht hatten, da wurde es ihm zu bunt.

Am nächsten Morgen sagte Hugos Vater: »Ich habe die Grippe!« Er blieb im Bett, bis Hugo zur Schule und Hugos Mutter einkaufen gegangen war. Dann sprang er aus dem Bett, zog sich an, sammelte die Küken in eine Schachtel und trug sie zum Blumenladen.

Der Blumenladen war noch immer geschlossen. Am

Rollbalken hing ein weißer Zettel mit schwarzem Rand, auf dem stand, daß die Blumenfrau zu Ostern bei einem Verkehrsunfall ums Leben gekommen war.

Hugos Vater stellte die Schachtel mit den Küken vor den Rollbalken. Es war ein kalter Tag. Die Küken piepsten und drängten sich verschreckt in einer Schachtelecke zusammen.

Hugos Vater wollte schnell weggehen, aber da kam eine alte Frau. Die schaute zuerst auf die Kükenschachtel, dann auf Hugos Vater und sagte: »He, Mann, die Küken erfrieren hier doch!«

»Die Küken gehören der Blumenfrau!« sagte Hugos Vater.

»Die Blumenfrau ist tot!« sagte die alte Frau und zeigte auf den weißen Zettel mit dem schwarzen Rand. Und dann schaute sie Hugos Vater so sonderbar an, daß er die Kükenschachtel wieder nahm und wegging.

Bis zur Straßenbahn-Haltestelle ging Hugos Vater mit der Kükenschachtel. Dort drehte er sich um und schaute zurück. Die alte Frau stand noch immer beim Blumenladen. Hugos Vater dachte: Die ist sicher kurzsichtig, die kann mich nicht mehr sehen!

Bei der Straßenbahn-Haltestelle war nur ein kleines Mädchen, das guckte in den Himmel und bohrte dabei in der Nase. Hugos Vater dachte: Die schaut in den Himmel, die bemerkt sicher nichts!

Er stellte die Kükenschachtel neben die Haltestellentafel und ging langsam weiter. Er hatte kaum fünf

Schritte gemacht, da rief das nasebohrende Mädchen: »Hallo, bitte …« Er machte noch drei schnelle, große Schritte, dann hatte ihn das Mädchen eingeholt. Es bohrte nicht mehr in der Nase, sondern machte einen Knicks und hielt ihm die Kükenschachtel entgegen.

Da gab Hugos Vater auf. »Danke, mein liebes Mädchen«, seufzte er und trug die Schachtel nach Hause. Als Hugos Mutter vom Einkaufen nach Hause kam, liefen die Küken wieder fröhlich auf dem Teppich herum. Hugos Vater lag im Bett. Er saß blaß und traurig aus. Hugos Mutter wunderte sich nicht darüber. Grippekranke Leute schauen oft blaß und traurig aus.

Die ganze nächste Woche über war Frieden in Hugos Familie. Hugo ging in die Schule, kam nach Hause und spielte mit den Küken. Hugos Mutter freute sich, weil Hugo so zufrieden war. Und Hugos Vater machte jeden Tag vier Überstunden und kam erst spät am Abend nach Hause. Da schliefen die Küken längst. Krach gab es erst am Sonntag beim Mittagessen.

Eine große Schüssel Hühnerreis – aus dänischen, gefrorenen Hühnerbrüsten – stand auf dem Tisch. Die Küken saßen rund um die Hühnerreis-Schüssel und wärmten sich am Schüsselrand. Hugos Vater erzählte Hugos Mutter vom Büro und von seiner Arbeit. Hugos Mutter erzählte Hugos Vater von ihrer Freundin Lore und vom letzten Kaffeetratsch. Und Hugo klaubte die Erbsen aus seinem Hühnerreis. Weil er Erbsen nicht ausstehen konnte. Er legte die Erbsen auf das Tischtuch. In

Zweierreihen. Wie Schulkinder, die einen Ausflug machen. Und eine Erbse legte er neben die Zweierreihe. Die war ein bißchen größer als die anderen, und die war der Lehrer. Wie nun die Küken die Erbsen sahen, wuselten sie aufgeregt vom Schüsselrand weg und zu den Erbsen hin, über den Teller von Hugos Vater drüber, mitten durch seinen Hühnerreis. Und dann stritten sie sich um die Erbsen. Pickten Erbsen und peckten aufeinander los. Sie stießen und drängten, gelber Kükenflaum flog herum, und Hugos Limonadenglas kippte um.

Die Limonade floß über den Tisch und tropfte auf die Hose von Hugos Vater, und der sprang auf und brüllte: »Jetzt ist aber Schluß!«

»So sei doch nicht so böse«, sagte Hugos Mutter.

»Ich bin noch viel böser«, rief Hugos Vater. »Von Tag zu Tag werden die Viecher größer und lästiger!« Hugos Vater beutelte Limonadentropfen von seiner Hose und zeigte dabei auf die Hosenbeine, auf viele kleine grauweiße Tupfen, die eingetrockneter Hühnerdreck waren. »Soll ich denn im Hühnerdreck verkommen?« brüllte er.

»Du brauchst nicht im Hühnerdreck zu verkommen«, sagte Hugos Mutter. »Den putze ich schon weg.« Und dann sagte sie noch: »Ich putze nämlich hier allen Dreck! Deinen auch!«

Aber Hugos Vater war nun schon ganz wütend und brüllte: »Aber ich scheiße weder meine Hosen noch den Teppich voll.«

So einen schrecklich ordinären Satz hatte Hugos Mutter überhaupt noch nicht gehört. Sie wurde ganz weiß im Gesicht. Weiß wie ein altes Leintuch. Und Hugo begann vor Schreck zu zittern. Er zitterte am ganzen Körper. Er zitterte wie noch nie im Leben. (Nicht einmal in der Geisterbahn, als ihm das Gerippe mit fünf Knochenfingern übers Gesicht gefahren war, hatte er so gezittert.)

Hugos leintuchweiße Mutter nahm ihren Hugo in die Arme und flüsterte: »Hugo, mein Hugo, hör doch zu zittern auf. Ich verspreche dir, du darfst deine geliebten Pip-Hendi behalten. Ich werde das schon machen, mein allerliebster Hugo!«

Da zog sich Hugos Vater eine andere Hose an. Eine, die nur einen einzigen weiß-grauen Tupfer hatte, und ging in die Wirtschaft an der Ecke, ein großes Bier trinken.

Als Hugos Vater mitten in der Nacht heimkam, saß Hugos Mutter im Bett und war gar nicht mehr leintuchweiß. »Lieber Mann«, sagte sie zu Hugos Vater, »du hast heute unserem Hugo das ganze Glück aus den Augen gestohlen. Das darf nicht wieder vorkommen!« Sie zeigte zum Kinderzimmer hin. »Der Arme zittert noch im Schlaf!«

Und dann erklärte Hugos Mutter Hugos Vater, daß sie eine Lösung für das Problem habe. Sie sagte: »In zwei Monaten bekommen wir das Geld von unserem Bausparvertrag. Dann können wir dem alten Onkel Egon den Schrebergarten abkaufen. Dort gibt es einen Hühnerstall! Dorthin geben wir dann die Küken. Da stören sie dich nicht mehr. Und Hugo kann weiter glücklich sein!« So redete Hugos Mutter über eine Stunde auf Hugos Vater ein und streichelte ihn dabei auch zärtlich. Und endlich seufzte Hugos Vater und murmelte: »Na schön! Kaufen wir den verdammten Garten!« Und dann schlief er gleich ein.

Von dieser Nacht an schluckte Hugos Vater jeden Morgen vier Beruhigungspillen und wartete, daß die Zeit verging und das Geld für den Garten kommen würde.

Die Küken waren jetzt keine flaumigen Bällchen mehr, sondern rebhuhngroße, zerzauste Junghühner. Sie piepsten nicht mehr, sondern krächzten merkwürdig und laut. Außerdem konnten sie einen Meter hoch und zwei Meter weit fliegen, und Dreck machten sie wie richtige Hühner.

Ein einziges Mal noch tat Hugos Vater etwas gegen die Hühner: Eines Morgens kam er ins Badezimmer, da hockten sie zu sechst in der Badewanne und ließen sich weder durch gute noch durch böse Worte vertreiben, und da bekam Hugos Vater eine Riesenwut und drehte die kalte Brause auf, und die Hühner kreischten entsetzt los und flatterten klatschnaß aus der Wanne und aus dem Badezimmer.

Hugos Mutter wickelte sofort jedes Huhn in ein vorgewärmtes Handtuch und legte sie auf die Sitzbank zum

Trocknen und sprach zärtlich und leise auf die Handtuch-
rollen ein.

Zu Hugos Vater sagte sie nur: »Gottlob, daß Hugo
noch schläft. Wenn er das gesehen hätte, wäre er krank
geworden vor Kummer!«

Hugo – das muß gesagt werden – hatte die Hühner, seit
sie so groß und fett waren, gar nicht mehr lieb. Sie gingen
ihm sogar unheimlich auf die Nerven. Sie hockten auf
seinem Tisch und verdreckten sein Lesebuch. Sie peckten Löcher in seinen Lieblingsteddy, zupften ihm die
Holzwolle aus dem Bauch. Sie zerscharrten Hugos halb-
gelegtes Puzzle und weckten ihn oft schon gackernd und
kreischend eine Stunde, bevor sein Wecker klingelte.

Doch Hugo konnte seiner Mutter nicht sagen, daß er
die Hühner nicht mehr lieb hatte. Es ist nicht einfach zu
erklären. Ungefähr war es so:

Hugo wußte, daß ihn seine Mama für einen Hugo
hielt, der Hühner enorm liebte. Und da glaubte er, daß
seine Mama nur einen Hugo, der Hühner liebte, gern
haben konnte. Von einem Hugo, der Hühner nicht ausstehen konnte, dachte er, wäre seine Mama bitter enttäuscht. Einen solchen Hugo, meinte er, könne seine
Mama nicht liebhaben. Und er wollte natürlich, daß ihn
seine Mama lieb hatte. Also tat er weiter so, als ob er die
verdammten Hühner sehr, sehr lieb hätte.

Es war wirklich nicht einfach für ihn! Hugos Mutter
hatte natürlich davon keine Ahnung. Sie versorgte die

Hühner, putzte – so gut es ging – ihren Dreck und tätschelte dreimal täglich Hugos Wangen und versprach ihm, die lieben Wusi-Hendi ewig zu erhalten. Die Hühner hockten zufrieden dabei, und zwei gackerten so sonderbar, daß Hugos Mutter sagte: »Hugo, ich denke, du bekommst zwei wunderbare Hähne!«

Hugos Vater ging dieser Satz mitten durch den Bauch!

Hugos Vater schnitt dieser Satz ins Herz! Zwei Hähne! Zwei Hähne, die jeden Morgen kikeriki riefen!

Hugos Vater begann von zwei Hähnen zu träumen. Ihm wurde übel, wenn er ein Foto von einem Hahn sah. Er bekam Durchfall, wenn er an einer Wirtschaft ein Schild mit der Aufschrift: BRATHÄHNCHEN las.

Man kann ruhig sagen: Seine Angst vor den zwei Hähnen war noch größer als sein Ärger mit den sechs Hühnern. Hugos Vater hatte bloß eine Hoffnung: das Geld vom Bausparvertrag, den Garten vom Onkel Egon und die Hühnerställe. (Und im übrigen hatte er keine Ahnung, daß sein Sohn dieselbe Hoffnung hatte.)

Leider starb eine Woche, bevor die Sparkasse das Bausparvertragsgeld an Hugos Vater auszahlen sollte, der alte Onkel Egon. Und den Schrebergarten erbte der Cousin Albert. Der wollte den Schrebergarten nicht verkaufen. Der wollte den Hühnerstall abreißen, ein Haus bauen und Erdbeeren pflanzen.

Hugos Vater war verzweifelt. Er rannte in der ganzen Stadt herum und fragte jeden, den er kannte, und viele, die er nicht kannte, ob sie einen Schrebergarten mit Hühnerstall zu verkaufen hätten. Einige Leute hatten wirklich Schrebergärten zu verkaufen – sogar mit Hühnerstall – , aber sie verlangten unheimlich viel Geld. Viel mehr Geld, als Hugos Vater zu erwarten hatte.

»Wir können uns keinen Schrebergarten mit Hühnerstall leisten«, sagte Hugos Vater total erschöpft, als er eines Abends vom Schrebergarten-Suchen heimkam. Hugo, der gerade beim Fernseher saß und die Gute-Nacht-Geschichte anschaute, fuhr hoch und rief: »Nein!« Ganz entsetzt rief er. Und hinterher murmelte er noch dreimal tief erschüttert: »Nein, nein, nein!« (Er hatte sich schon so sehr auf den Schrebergarten und die hühnerfreie Wohnung gefreut.)

Hugos Mutter, die auch der Gute-Nacht-Geschichte zugesehen hatte, legte Hugos »Nein!« falsch aus. »Keine Angst, mein Hugolein«, sagte sie. »Wir werden es auch ohne Garten schaffen. Deine Hühner kannst du behalten!«

Hugos Vater war vom Schrebergarten-Suchen schon so erschöpft, daß er überhaupt nichts dagegen sagte. Er legte sich ohne Nachtmahl ins Bett, schlief ein und träumte einen von den schrecklich-bösen Hähnen-Träumen. Den, wo ihm zwei blutrote Hähne Maiskörner aus dem Nabel herauspickten und er ganz entsetzt war, daß so viele Maiskörner in seinem Nabel Platz hatten.

Eines Tages war Hugo allein zu Hause. Hugos Vater war

im Büro, Hugos Mutter beim Friseur. Hugo wollte seine Rechenaufgabe machen. Sein Rechenheft hatte er schon auf dem Tisch liegen. Da mußte er dringend aufs Klo. Und als er vom Klo zurückkam, hockten die zwei fettesten Hühnerviecher auf seinem Tisch und stritten um sein Rechenheft. Jedes hatte ein Heftblatt im Schnabel und zerrte und riß und scharrte dabei.

Hugo sagte sich, daß es so nun wirklich nicht länger weitergehen könne! Er dachte sehr lange nach. Und da fiel ihm ein, daß er die Hühner heimlich wegbringen könnte. Daß seine Mama ganz sicher nie im Leben auf den Gedanken kommen würde, ihr Hugo habe das getan. Ganz sicher würde sie glauben, Hugos Papa habe es getan. Mein Papa, dachte Hugo, ist groß und stark. Der hält es leicht aus, wenn ihn die Mama nicht mehr lieb hat!

Hugo holte den großen Wanderrucksack aus der Abstellkammer, und dann holte er ein Huhn von der Stehlampe herunter, eins zog er aus seinem Bett heraus, eins unter der Spüle hervor, und eins nahm er vom Bücherregal. Mehr als vier Hühner gingen in den Wanderrucksack leider nicht hinein.

Hugo nahm den Rucksack auf den Rücken und verließ das Haus. Er marschierte bis zur Schrebergartensiedlung BIRNENGLÜCK, ging den Hauptweg hinunter, bog in einen Nebenweg ein, nahm den Rucksack vom Rücken und öffnete ihn. Die Hühner flatterten heraus, kreischten wütend und liefen weg.

Hugo seufzte erleichtert, nahm den leeren Rucksack, lief den Nebenweg zurück, bog in den Hauptweg ein, schaute sich beim Einbiegen um und sah, daß seine Hühner in einen Garten gekrochen waren, und in dem Garten waren Hühnerställe, und seine Hühner wurden gerade von einem Dutzend anderer Hühner begrüßt.

Obwohl Hugo die Hühner gar nicht mehr lieb hatte, freute er sich doch, daß sie es so gut getroffen hatten.

Als Hugo nach Hause kam, waren Hugos Mutter und Hugos Vater schon zu Hause. Hugos Mutter kroch auf allen vieren durch die Wohnung und klagte dabei: »Wusiwusi-Pipi-Hendi, wo seid ihr?«

Und Hugos Vater saß auf der Sitzbank und hielt beschwörend die rechte Hand auf die Brust gedrückt und rief: »Ich schwöre, ich habe ihnen nichts getan, ich schwöre, ich bin unschuldig!«

Hugo stellte den Rucksack in die Abstellkammer, dann ging er ins Wohnzimmer. »Mama, was ist denn geschehen?« fragte er. Hugos Mama erhob sich, nahm ihren Hugo fest in die Arme und sagte: »Hugo, es sind nur mehr zwei Pipi-Hendi da!« Hugo versuchte ein sehr trauriges Gesicht zu machen. Um seine Mama nicht zu enttäuschen. Um seiner Mama geliebter Hugo zu bleiben. Er schluchzte unheimlich echt: »Wo sind denn meine lieben Henderln?«

»Ein schlechter Mensch hat sie weggetragen«, sagte Hugos Mutter und schaute Hugos Vater dabei bitterböse an. »Einer, dem saubere Hosen wichtiger sind als deine glücklichen Augen!«

Und bevor Hugos Vater noch irgend etwas sagen konnte, nahm Hugos Mutter die letzten zwei Hühner von der Hutablage, klemmte sie unter die Arme und rief: »Komm, Hugo, wir übersiedeln zur Oma! Dort sind wir alle in Sicherheit!« Und dann fügte sie noch hinzu: »Und gleich morgen kaufe ich dir vier neue Pipis, damit du wieder fröhliche Augen bekommst!«

Hugo zögerte.

»Na, komm schon, Hugo«, rief Hugos Mutter.

Hugo wollte nicht kommen. Hugo wollte nicht zur Oma. Hugo wollte mit seinem Papa Lego spielen. Hugo wollte – um Himmels willen – nicht vier neue Hühner haben! Und sein Papa saß so traurig auf der Sitzbank. Er war zwar groß und stark, aber er schien es doch nicht so gut auszuhalten, daß ihn die Mama nicht mehr lieb hatte. So sagte Hugo also: »Die vier Hühner habe ich wegge-tragen! Im Rucksack! Sie sind mir auf die Nerven gegan-gen! Es tut mir leid, aber ich mag keine Hühner!«

Zum Nachtmahl gab es zwei gebratene Hühner und Pommes frites dazu, und Hugos Mutter sagte, daß fri-sches Hühnerfleisch eben doch viel besser schmeckt als tiefgefrorenes. Und dann ging Hugos Mutter in die Kü-che und buk für Hugo ein Himbeer-Soufflé, weil Hugo schrecklich gern Himbeer-Soufflé aß und Himbeer-Souf-flé schrecklich viel Arbeit macht. Damit Hugo merkte, daß sie auch einen Hugo, der Hühner nicht leiden mochte, sehr gern hatte.

Hugo half seiner Mama beim Soufflébacken. Er reichte ihr ein Ei nach dem anderen, damit die Mama die Eier aufschlagen und mit dem Quirl schaumig rühren konnte.

Dann war nur noch ein winzig kleines Ei auf dem Küchentisch. »Das auch noch?« fragte Hugo.

»Nein, das nicht!« sagte Hugos Mutter. Das winzig kleine Ei hatte sie nämlich im Bauch eines der Nachtmahlhühner gefunden, als sie die Hühner ausgenommen hatte.

Hugos Mutter legte den Quirl weg, nahm das winzig kleine Ei in die Hand und streichelte es. Einen Augenblick lang schaute sie traurig drein, fast so, als ob sie weinen wollte. Doch dann lachte sie und legte das winzig kleine Ei in die Brotdose und sagte: »Das Ei hebe ich mir ewig auf, Hugo. Das Ei soll mich immer daran erinnern, daß jeder Hugo selber am besten weiß, was er gern hat.«

Da freute sich der Hugo sehr.

Und sooft er jetzt ein Stück Brot aus der Brotdose holt, schaut er nach, ob das winzig kleine Ei noch da ist.

Und das Ei ist noch da.

Von der Wewerka

Die Geschichte ist wahr. Das hat den Nachteil, daß eine wahr erzählte Geschichte auch ein wahr erzähltes Ende braucht und ein wahr erzähltes Ende oft nicht das hübscheste ist. Also, die Geschichte geht so:

Die Wewerka ist elf Jahre alt. Sie kann gut häkeln und stricken, gut bockspringen und singen. Sie kann mittelmäßig rechnen und zeichnen. Rechtschreiben kann sie nicht. Überhaupt nicht. Sie schreibt nicht nur die »schweren« Wörter falsch, sondern auch die »leichten« Wörter. Darum sitzt sie jetzt in der ersten Klasse vom B-Zug der Hauptschule und nicht in der ersten Klasse vom Gymnasium, wie das ihre Mutter gern gehabt hätte.

Auf die Deutschschularbeiten und die Ansagen bekommt die Wewerka immer einen Fünfer. Die Mutter macht jeden Nachmittag ein Diktat mit der Wewerka, und jedes falsche Wort muß die Wewerka dann zehnmal hinschreiben. Doch das nützt nichts. Am nächsten Tag schreibt die Wewerka die Wörter wieder falsch.

Die Deutschlehrerin von der Wewerka heißt Böck, Frau Fachlehrerin Emma Böck. Die Böck schnaubt empört, wenn sie die Arbeiten von der Wewerka korrigiert, und malt riesengroße Fünfer mit einem extradicken Filzstift unter die rotgemusterten Arbeiten. Und die Mutter von der Wewerka unterschreibt die Fünfer seufzend und

macht an solchen Tagen die Diktate doppelt so lang wie
sonst.

Einmal hat die Wewerka wieder einen Fünfer bekommen. Und den hat sie nicht hergezeigt. Sie ist mit dem
Schularbeitsheft auf das Schulklo gegangen und hat das
Heft hinter der Klomuschel, hinter den Heizungsrohren,
versteckt. Zu Hause hat sie gesagt: »Wir haben die
Schularbeit noch nicht zurückbekommen, weil die Böck
krank ist.«

Und in der nächsten Deutschstunde hat sie zur Böck
gesagt: »Ich habe das Heft zu Hause vergessen!«

Und in der nächsten Deutschstunde hat sie zur Böck
gesagt: »Meine Mutter hat keine Zeit gehabt zum Un-
terschreiben!«

»So, so«, hat die Böck gesagt und bös geschaut.

Am Freitag hat der Schulwart die Klos mit Lysol gewaschen und das Heft hinter den Heizungsrohren gefunden.

Er hat es der Böck gebracht.

In der nächsten Deutschstunde hat die Böck gefragt:
»Wewerka, wo ist dein Heft?«

Und die Wewerka hat wieder gesagt, daß die Mutter
keine Zeit gehabt hat, und das nächste Mal hat sie gesagt, daß die Mutter fortgefahren ist. Und dann, daß die
Mutter es vergessen hat. Und dann, daß der Vater das
Heft noch anschauen will.

Und dann hat die Böck verlangt, daß die Mutter mit
dem Schularbeitsheft in die Schule kommt. Die We-

werka hat gesagt, ja, morgen wird die Mutter kommen.

Morgen dann hat die Böck gefragt: »Wewerka, kommt heute deine Mutter mit dem Heft?«

»Ja, in der Zehn-Uhr-Pause!« hat die Wewerka gesagt.

Um zehn hat die Böck die Wewerka ins Lehrerzimmer holen lassen. »Wo ist deine Mutter? Wo ist das Heft?«

Die Wewerka hat der Böck versichert, daß die Mutter gleich da sein wird.

»Bist du ganz sicher?« hat die Böck gefragt.

Die Wewerka hat beteuert, daß sie ganz sicher ist.

»Ganz sicher?« hat die Böck wiederholt, und dabei hat sie das Schularbeitsheft von der Wewerka aus der Tasche geholt und auf den Tisch gelegt.

Die Wewerka hat auf das Heft gestarrt, aber sie hat wieder gesagt: »Ja, gleich muß sie kommen!«

»Na, dann warten wir!« hat die Böck gesagt. Sie hat den Arm, den mit der Armbanduhr, auf den Tisch gelegt, auf das Heft drauf, und hat den Sekundenzeiger der Armbanduhr beobachtet. Immer wenn eine volle Minute um war, hat sie die Wewerka gefragt: »Wann kommt nun die Mutter mit dem Heft?«

»Gleich wird sie da sein«, hat die Wewerka geflüstert.

Dann war die große Pause längst um, und die Schüler der 3a sind fragen gekommen, wo denn die Frau Fachlehrerin Böck bleibt. Sie haben jetzt Englisch bei ihr. Da ist es der Böck langweilig geworden. Sie hat mit der Faust auf das Heft geschlagen und gebrüllt: »Was ist denn das da?«

»Meine Mutter wird gleich mit dem Heft da sein«, hat die Wewerka geflüstert.

Die Böck ist zum Direktor gerannt. »So ein Kind«, hat sie gesagt, »ist der Gipfel. Weil es nicht nur nicht rechtschreiben kann, sondern auch noch verlogen ist!«

Der Direktor hat gesagt: »Es kann nicht nur nicht rechtschreiben und ist verlogen, sondern es ist auch saudumm, weil es noch weiterlügt, wenn der Beweis schon auf dem Tisch liegt!«

Die Mutter von der Wewerka hat gesagt: »Das Kind kann nicht nur nicht rechtschreiben und ist verlogen und saudumm, sondern auch sehr lieblos und herzlos, weil es seiner Mutter das alles antut!«

Jetzt sind sie alle furchtbar böse auf die Wewerka. Aber sie wären noch viel böser, wenn sie wüßten, daß die Wewerka in jeder freien Minute davon träumt, groß und stark zu werden und dann die Frau Fachlehrerin Emma Böck zu erwürgen. Sie stellt sich das sehr schön vor. Ganz langsam wird sie es tun. Auf die Armbanduhr wird sie dabei schauen. Und immer wenn eine Minute um ist, wird sie locker lassen, und die Böck wird Luft schnappen. Und wenn die Böck Luft schnappt, wird die Wewerka fragen: »Sind Sie eine gute Lehrerin, Frau Fachlehrerin Böck?«

Und die Böck wird noch mit dem letzten Fuzerl Luft

»Ja, ich bin eine gute Frau Fachlehrerin« japsen, »ja, ich bin ...« So lange, bis die Wewerka dem ein Ende macht.

Ich bin das Kind der Familie Meier

Ich bin das Kind der Familie Meier und heiße Burli.

Ich wäre viel lieber bei Meiers der Hund! Dann hieße ich Senta und dürfte so laut bellen, daß sich der Nachbar beim Hausverwalter beschwert.

Und niemand würde zu mir sagen:

»Mund halten, Burli!«

Ich wäre auch gerne bei Meiers die Katze. Dann hieße ich Muschi und würde nur fressen, was ich wirklich mag, und den ganzen Tag auf dem Fenster in der Sonne liegen.

Und niemand würde zu mir sagen:

»Teller leer essen, Burli!«

Am liebsten wäre ich bei Meiers der Goldfisch.

Dann hätte ich gar keinen Namen.

Ich würde still und glänzend im Wasser schwimmen und meiner Familie beim Leben zuschauen.

Manchmal würden die Meiers zu meinem Fischglas kommen und mit ihren dicken Fingern ans Glas tupfen und auf mich einreden.

Doch das Glas wäre dick, und durch das Wasser käme kein Laut bis zu mir.

Dann würde ich mein Fischmaul zu einem höflichen Grinsen verziehen, aber meine Fischaugen würden traurig auf den Meier schauen, der der kleinste von allen Meiern ist, und ich würde mir denken: Armer Burli!

Links unterm Christbaum

Ich war damals acht Jahre alt, und mein größter Wunsch war ein Hund. Ein großer Bernhardinerhund. Der Wirt im Nachbarhaus hatte früher so einen Hund gehabt. Der hatte immer vor der Wirtshaustür gelegen, und ich war oft bei ihm gehockt und hatte ihn gestreichelt und hinter den Ohren gekrault. Und wenn ich ihm mein nacktes Bein hingehalten hatte, hatte er das Bein mit seiner weichen, nassen Zunge abgeschleckt.

Nun war der Bernhardiner vom Wirt tot, und ich wollte einen eigenen Bernhardiner haben. Doch ich hätte mich auch mit einem anderen Hund zufriedengegeben. Bis auf einen Rehpinscher – vor dem mir grauste – wäre mir jeder recht gewesen. Hunden galt meine ganze Sehnsucht. Wenn ich die anfaßte, wenn ich von denen betapscht wurde, spürte ich so eine mächtige Zufriedenheit in mir, wie ich sie nie spürte, wenn ich Menschen anfaßte oder von ihnen betapscht wurde.

Zu jedem Geburtstag und Namenstag, zu Ostern und zu Weihnachten, immer, wenn man mich fragte: »Was wünschst du dir?«, sagte ich: »Einen Hund, bitte!«, und meine Mutter sagte darauf ungeduldig: »Hör doch endlich auf mit dem Unsinn!«

Meine Mutter mochte Hunde nicht sehr. Doch wenn damals nicht Krieg gewesen wäre, wenn die Zeiten besser gewesen wären, hätte sie vielleicht nachgegeben, beeindruckt von so viel kindlicher Hartnäckigkeit. Aber so, wie wir lebten, war es unmöglich, einen Hund zu halten. Für einen Hund, auch für einen kleinen, hätten die Fleischmarken der ganzen Familie nicht gereicht. Meine Mutter erklärte mir das immer wieder, zeigte mir jeden Samstag das Stück Fleisch, das unsere Wochenration war, und sagte: »Schau dir das an! Und davon soll auch noch ein Hund mitfressen?«

Ich war stur. »Andere Leute haben auch einen Hund!« sagte ich und zählte auf, wer in der Gegend einen Hund hatte.

Meine Mutter sagte, daß der Meier-Hund eben ein Nazi-Hund sei und gute Nazis in lausigen Zeiten besser an Fleisch herankommen – und daß der Schodl-Hund nur deshalb zu halten sei, weil die Frau Schodl eine Tante auf dem Land hat, die Fleisch schickt – und daß die anderen Hunde in der Gegend ohnehin schon halb verhungert seien.

Ich gab trotzdem nicht nach. Meine Sehnsucht nach Hundsfell und Hundsschnauze war zu stark. Außerdem war ich gewohnt, daß meine Wünsche erfüllt wurden. Als ich mir den Puppenwagen gewünscht hatte, hatte ihn meine Mutter gegen ihren schönen Fuchskragen eingetauscht, und als ich einen Kaufmannsladen haben wollte, hatte ihn mein Großvater – weil es keinen zu kaufen gab – in wochenlanger Arbeit gebastelt. Ich glaubte daran, daß man nur besonders stark wünschen muß, damit ein Wunsch in Erfüllung geht.

Links unterm Christbaum

Es war ein paar Wochen vor Weihnachten, da fragte mich mein Großvater: »Na, was glaubst du, bekommst du zu Weihnachten?«

Da er mich nicht gefragt hatte, was ich mir wünsche, sondern was ich bekommen werde, sagte ich nichts vom Hund, sondern redete von Buntstiften und Puppenkleidern und einem Service für die Puppenküche.

»Und von mir?« fragte der Großvater.

Ich hatte keine Ahnung. Letztes Jahr zu Weihnachten hatte er mir seinen Füllfederhalter geschenkt, weil ich für die Schule einen gebraucht hatte und nirgendwo einer aufzutreiben gewesen war.

»Neue Hausschuhe?« probierte ich. Der Großvater war mit einem Schuhhändler befreundet, der gab ihm manchmal geheime Schätze aus seinem Vorkriegslager. Der Großvater lächelte und schüttelte den Kopf. »Was viel, viel Schöneres«, sagte er. »Da wirst du Augen machen!« Er beugte sich zu mir und flüsterte mir ins Ohr: «Etwas, das lebt! Mehr verrate ich nicht!«

Mehr brauchte er mir auch gar nicht zu verraten! Etwas, das lebt und viel, viel schöner ist, das war ein Hund!

Ich umarmte den Großvater und küßte ihn auf den Mund, was ich sonst nie tat, weil mich sein Schnurrbart störte.

»Aber nix verraten, hörst!« mahnte der Großvater.

Das schwor ich hoch und heilig. Ich war ja nicht dumm, wußte ja, daß »Überraschungen« das Wichtigste

44

Links unterm Christbaum

an Weihnachten sind. Niemand sollte erfahren, daß der Großvater geplaudert hatte!

Ganz heimlich holte ich den alten Strohkorb vom Dachboden, und als mich meine Mutter dabei ertappte, wie ich aus meiner neuen Dirndlschürze ein Kissen nähte und es mit Watte füllte, mogelte ich und sagte, daß ich mir ein Puppenbett bastle. Und als meine Mutter dahinterkam, daß ich meine »Deutschen Heldensagen« bei der Hermi gegen eine feste neue, rote Hundeleine eingetauscht hatte, band ich mir die Hundeleine um den Bauch und behauptete, sie gefalle mir als Gürtel.

Es beunruhigte mich auch nicht, als meine Mutter eine Woche vor Weihnachten zur Nachbarin sagte: »Das Kind will einen Hund, aber das geht natürlich nicht!«

Ich kannte die Erwachsenen! Die taten immer so. Wegen der Überraschung! Den Puppenwagen und den Kaufmannsladen hatten sie auch als ganz »unmöglich« und »ausgeschlossen« hingestellt, und dann hatten sie doch unter dem Christbaum gestanden.

Am Heiligen Abend war ich aufgeregt wie noch nie. Aber ich war, ganz gegen meine Art, sehr leise aufgeregt, und ich versuchte auch meine Schwester am Lautsein zu hindern, weil ich auf ein leises Bellen, ein sanftes Jaulen lauschte. Mein Hund mußte ja schon im Haus sein, den ndie Tierhandlungen hatten bereits geschlossen.

In der Wohnung, entschied ich, konnte der Hund nicht sein. Unsere Wohnung war klein. Da hätte ich ihn be-

Links unterm Christbaum

merkt. Ich stieg auf den Dachboden hinauf, und ich stieg sogar in den Keller hinunter, obwohl ich vor dem Keller große Angst hatte. Aber auch im Keller war kein Bellen und kein Winseln. Es gab nur noch eine Möglichkeit: Mein Hund mußte bei der Nachbarin sein!

Natürlich war mein Hund bei der Nachbarin! Warum sonst wohl hatte die gesagt »heute nicht, mein Kind«, als ich sie hatte besuchen wollen. Sonst ließ sie mich doch immer in die Wohnung. Sonst freute sie sich, wenn ich zu ihr kam.

Es war anzunehmen, daß mir der Großvater den kleinsten Hund gekauft hatte, der aufzutreiben war, weil der kleinste Hund am wenigsten fraß.

»Schnackerl«, überlegte ich mir, war der beste Name für so einen winzigen Hund.

Punkt sieben Uhr war bei uns zu Hause immer die »Bescherung«, darum mußten meine Schwester und ich um halb sieben in einem kleinen Zimmer verschwinden, damit meine Mutter die Geschenke unter den Christbaum stellen und die Kerzen anzünden konnte.

Ich saß in dem Zimmer und biß an meinen Fingernägeln und hoffte, daß der Hund, wenn er schon so klein war, wenigstens lange, weiche Haare hatte. Ganz deutlich hörte ich meinen Großvater die Wohnung verlassen. Am schlapfenden Hausschuhgang erkannte ich das. Dann hörte ich die Türglocke an der Nachbarwohnung, kurz darauf wieder die Schlapfenschritte vom Großvater – und dann bimmelte das Weihnachtsglöckchen.

Links unterm Christbaum

Meine Schwester stürzte aus dem Zimmer, und ich ging langsam hinterher, weil man auf das große Glück nicht losrennen kann. Dem muß man sich Schritt um Schritt nähern, sonst schnappt man über vor Glück.

Unser Christbaum reichte bis zur Zimmerdecke, unzählige Kerzen waren darauf und brannten flackernd, und viele Wunderkerzen sprühten einen Sternenhimmel in das Zimmer.

Links unter dem Christbaum, das war jedes Jahr so, lagen die Geschenke für mich. Ich sah eine neue Schultasche und Buntstifte und ein Puppenservice. Und dann war da noch ein großes Ding, verdeckt von einem weißen Tuch. Der Großvater stand neben dem Ding und zog das weiße Tuch weg. Ein Vogelkäfig mit einem Wellensittich war darunter. Blau war der Wellensittich. Der Großvater bückte sich, öffnete die Tür vom Vogelkäfig und holte den blauen Sittich heraus.

»Hansi heißt er«, sagte der Großvater. »Na, komm, nimm ihn!«

Er setzte den Vogel auf seinen Zeigefinger und hielt ihn mir dicht vors Gesicht. »Na, so nimm ihn doch«, verlangte er.

Ich griff nach dem Vogel und nahm ihn in die Hand und schloß sie zur Faust. Auf der einen Seite der Faust schaute der blaue Vogelkopf heraus, auf der anderen Seite der blaue Schwanz.

Der Vogel pickte mich mit seinem scharfen Schnabel in die Haut zwischen Daumen und Zeigefinger. Ich

Links unterm Christbaum

schrie »Au« und preßte die Faust fest zusammen, dann öffnete ich sie wieder.

Der Vogel flog nicht weg. Er fiel zu Boden. Er war tot. Ich fing zu weinen an.

Der Großvater und meine Mutter und meine Schwester redeten mir gut zu. Daß es doch kein Unglück sei, sagten sie. Daß man so einen blauen Vogel nach den Feiertagen nachkaufen könne. Und daß ich doch »nichts dafür« könne. Und daß ich doch an so einem schönen Tag nicht traurig sein soll, wegen einem kleinen blauen Vogel. Aber ich hörte nicht zu weinen auf, denn ich spürte ganz genau, daß ich »etwas dafür« konnte. Und ich schämte mich, weil sie mich für besser hielten, als ich war. Und weil es mir nicht gelang, wegen dem toten Vogel zu weinen. Ich beweinte einen Hund, den es nie gegeben hatte, den außer mir niemand kannte. Und weil ihn außer mir niemand kannte, konnte mich auch niemand seinetwegen trösten. Und weil mich niemand tröstete, fühlte ich mich schuldig. Schon oft hatte man mir gesagt, daß ich an etwas »schuld« sei. Nie hatte ich das anerkannt. Nun sagte es mir niemand – und das machte die Schuld doppelt schwer.

Ich bestrafte mich damit, daß ich nie mehr den Wunsch nach einem Hund erwähnte. Das machte es ein bißchen leichter. Aber leicht war es trotzdem nicht, ein Kind zu sein und zu wissen, daß man eine ist, die aus Enttäuschung Vögel totmacht.

Die Glücksnacht

Der Hansi wurde munter, weil ihn der Franzi in die Rippen boxte. »Du, Hansi«, flüsterte der Franzi, »in der Küche ist einer!«

Der Hansi machte die Augen auf. Er konnte nichts sehen. Es war stockfinster im Zimmer.

»Ich hab ihn lachen gehört«, flüsterte der Franzi.

Der Hansi setzte sich im Bett auf. Jetzt hörte er das Lachen auch. Eine tiefe Männerstimme lachte. Dann hörte der Hansi die Stimme von seiner Mutter. Sie sagte: »Nicht so laut. Du weckst die Kinder auf!«

Die tiefe Männerstimme lachte wieder. Diesmal leiser.

Der Hansi und der Franzi stiegen aus dem Bett. Der Hansi stieß mit einem Knie gegen den Sessel. Der Franzi sagte: »Gib acht, du Depp!«

Der Hansi und der Franzi tappten vorsichtig im Dunkeln durch das Zimmer, bis zur Küchentür. Der Franzi tastete das kühle Holz der Tür nach der Klinke ab. Die Klinke war viel weiter oben, als der Franzi gedacht hatte. Der Franzi drückte die Klinke langsam und leise hinunter.

Die Küchentür ging einen Spalt weit auf. Der Franzi sah durch den Spalt seine Mutter. Sie saß am Küchentisch, trank etwas aus einer Kaffeetasse, hielt eine Zigarette in der Hand und hatte einen rosa Büstenhalter und

Die Glücksnacht

einen violetten Unterrock an. Vor ihr stand ein Mann in einer grauen Hose und einem roten Hemd. Er stand mit dem Rücken zum Türspalt.

Der Hansi wollte auch durch den Türspalt schauen. Weil der Franzi den Türspalt nicht freigab, gab der Hansi dem Franzi einen Stoß. Der Franzi erschrak und ließ die Türklinke los. Die Tür ging auf und quietschte dabei. Der Mann mit der grauen Hose und dem roten Hemd drehte sich um. Er schaute auf den Hansi und den Franzi und sagte: »Verdammt!«

Die Mutter stellte die Kaffeetasse auf den Tisch. Sie stand auf und rief: »Was fällt euch denn ein! Sofort ins Bett mit euch! Marsch, marsch, dalli, dalli!«

Der Hansi und der Franzi liefen zum Bett zurück. Den Weg konnten sie jetzt leicht finden, weil aus der Küche Licht ins Zimmer kam. Die Mutter schloß die Küchentür.

Der Hansi und der Franzi legten sich ins Bett und schlossen die Augen.

»Das war der Herr Wewerka vom siebener Haus«, sagte der Franzi.

»Ja, der Herr Wewerka«, sagte der Hansi. Dann schliefen sie ein.

Für den Hansi und den Franzi war diese Nacht eine Glücksnacht. Der Hansi und der Franzi hatten immer viel zuwenig Geld. Ihre Mutter war Hilfsarbeiterin und verdiente nicht viel. Sie konnte dem Hansi und dem Franzi kein Taschengeld geben. Höchstens jeden Sonn-

Die Glücksnacht

tag fünf Schilling. Was nicht genug ist, wenn eine Kino-
karte schon zwanzig Schilling kostet. Und zwei Kinokar-
ten vierzig Schilling. Doch seit der Glücksnacht hatten
der Hansi und der Franzi immer genug Geld fürs Kino.
Sie hatten sogar genug Geld, um ihren Freund, den Pepi,
ins Kino mitzunehmen. Auch für Popcorn und Bubble-
Gum reichte das Geld. Sooft sie nämlich jetzt den Herrn
Wewerka auf der Straße sahen und freundlich »Guten
Tag, Herr Wewerka!« sagten, schenkte ihnen der Herr
Wewerka einen Zehner. Und wenn sie den Herrn Wewerka zusammen mit der Frau Wewerka sahen und
freundlich »Guten Tag, Herr Wewerka, guten Tag, Frau
Wewerka!« sagten, schenkte ihnen der Herr Wewerka
sogar einen Zwanziger.

Da war es natürlich kein Wunder, daß der Hansi und
der Franzi dem Herrn Wewerka sehr oft begegneten. Für
einen Zehner oder einen Zwanziger lohnt es sich schon,
eine Stunde oder zwei vor dem Wewerka-Haus zu warten.

Oder vor dem Geschäft, in dem der Herr Wewerka
angestellt war.

Oder vor dem Fußballplatz, wo der Herr Wewerka am
Sonntagvormittag war.

Wenn der Hansi und der Franzi so auf den Herrn Wewerka warteten, fragte der Hansi manchmal den Franzi:
»Wieso schenkt uns der Wewerka immer Geld?«

»Wahrscheinlich hat er uns sehr gern«, sagte dann der
Franzi.

Die Glücksnacht

»Aber warum schaut er uns dann immer so bös an?«
fragte der Hansi.

Doch das konnte sich der Franzi auch nicht recht erklären.

Streng – strenger – am strengsten

Kathi wußte genau: Es geht ganz einfach. Man wickelt den Faden um den linken Zeigefinger, hinter Mittelfinger und Ringfinger vorbei, und vor dem kleinen Finger läßt man ihn wieder heraus. Dann nimmt man eine Nadel in die rechte Hand und eine in die linke. Und sticht mit der Nadel von der rechten Hand in die erste Masche von der Nadel von der linken Hand und holt den Faden, den, der von der ersten Masche der rechten Hand zum Zeigefinger der linken Hand geht, durch die erste Masche der Linken-Hand-Nadel durch. Und dann zieht man die erste Masche von der Linken-Hand-Nadel herunter, und die durchgezogene Schlinge ist jetzt die erste Masche von der Rechten-Hand-Nadel.

Kathi war das sehr klar. Aber stricken konnte sie trotzdem nicht. Einmal rutschte die Rechte-Hand-Nadel aus dem verdammten Dings und einmal die Linke-Hand-Nadel. Dann zog sich der Faden durch das falsche Loch, und dann waren plötzlich zwei oder drei Fäden da, und die Maschen wurden von Reihe zu Reihe weniger, und Kathi konnte sich nicht erklären, wohin sie gekommen waren.

Mama sagte: »Kathis Finger sind noch zu klein und zu dünn.«

Oma sagte: »Stricken ist sowieso unmodern und lohnt sich nicht.«

Papa sagte: »Stricken verdirbt die Augen und macht den Rücken krumm.«

Berti, der Bruder, sagte: »Häkeln geht leichter.«

Der Opa setzte sich in den Lehnstuhl und strickte Kathi vier Reihen vor. Zwei schlicht, zwei kraus, im Wechsel. Er sagte: »Stricken ist schön, aber nur, wenn man es freiwillig macht.«

Die Frau Handarbeitslehrerin Krause aber sagte: »Kathi, du strickst auf eine Fünf! Wenn du es nicht bald lernst, bekommst du einen Fünfer ins Zeugnis!«

Kathi ging nach Hause und heulte.

Die Mama, die Oma, der Papa, der Opa und Berti lachten und sagten: »Aber Kathi, man kriegt keinen Fünfer in Handarbeiten. Das hat es noch nie gegeben! Ehrenwort!«

»Sie hat's aber gesagt, Ehrenwort«, schluchzte Kathi.

»Sie hat nur gedroht«, sagte die Mama.

»Sie erzieht nach der alten Methode«, sagte die Oma.

»Die soll dich mal«, sagte Berti.

»Einfach ignorieren«, sagte Papa.

»Sie kann dir höchstens einen Vierer geben«, sagte der Opa.

Kathi fand auch einen Vierer schlimm genug. Aber das sagte sie nicht. Sie kannte ihre Familie. Die würden doch alle nur sagen, daß ein Vierer eine lustige Sache sei, und der Opa und die Oma würden dann wieder mit sämt-

Streng – strenger – am strengsten

lichen Lateinfünfern und Griechischvierern angeben, die sie als Kind bekommen hatten.

Weil ihre Familie nichts von ihrem Kummer verstand, beriet sich Kathi am nächsten Tag in der Schule mit Evi.

Evi hatte nämlich bereits dreißig Zentimeter wunderbar gleichmäßigen schweinsrosa Topflappen. Und alle siebenundsiebzig Maschen, die sie unten angeschlagen hatte, hatte sie oben immer noch.

»Bring mir bitte Stricken bei«, sagte Kathi zu Evi.

Evi schüttelte den Kopf. Und dann erklärte sie Kathi – sehr leise, damit es die anderen nicht hörten: »Die dreißig Topflappenzentimeter hat meine Mutti gemacht!«

»Hast du denn«, flüsterte Kathi und bekam vor lauter Schreck eine Gänsehaut auf dem Rücken, »das Topflappending mit nach Hause genommen?«

Evi nickte.

Kathi war ganz ergriffen. Topflappen-nach-Hause-nehmen war streng verboten. Topflappen-nach-Hause-nehmen war ungeheuerlich!

Die Topflappen hatten nach der Stunde samt dem schweinsrosa Garnknäuel in ein weißes Tuch gewickelt zu werden. Den weißen Binkel mußte man dann ins Handarbeitsköfferchen legen, das Köfferchen verschließen und der Handarbeitsordnerin aushändigen.

So hatte das zu geschehen! Und jedes Zuwiderhandeln, das hatte die Handarbeitslehrerin gesagt, würde streng – strenger – am strengsten bestraft werden!

Streng – strenger – am strengsten

Kathi hatte vor der Handarbeitslehrerin und vor streng-strenger-am strengsten große Angst. Aber Kathi wollte keinen Fünfer und auch keinen Vierer im Zeugnis haben.

Am Ende der nächsten Handarbeitsstunde klopfte Kathis Herz so laut, daß Kathi sicher war, die Handarbeitslehrerin, vorn beim Lehrertisch, müßte es hören. Doch die holte gerade eine verlorengegangene Masche im Topflappen der Schestak Anni hoch und hörte nichts. Kathi schielte zu Evi. Evi nickte. Kathi schob den Topflappen samt schweinsrosa Garnknäuel und Nadeln unter das Pult. Dann wickelte sie zwei angebissene Äpfel in das weiße Tuch und legte den Apfelbinkel in das Köfferchen. Wegen der Handarbeitsordnerin. Die war eine Streberin, und es hätte leicht sein können, daß sie das Köfferchen gepackt und gerufen hätte: »Bitte, Frau Lehrerin, das ist so leicht, ich glaub, da ist gar nix drinnen, bitte, Frau Lehrerin!«

Die Handarbeitsordnerin nahm die angebissenen Äpfel ohne Verdacht entgegen.

Kathi trug das Topflappending in der Schultasche nach Hause. Sie war sehr stolz und hatte ein sehr schlechtes Gewissen. Zusammen ergab das ein komisches Gefühl.

Kathi zeigte den Topflappen der Mama, und die Mama lachte Tränen darüber. Außerdem versprach sie, bis nächsten Montag genauso fleißig zu sein wie die Mutter von der Evi.

Streng – strenger – am strengsten

Das Topflappending lag nachher einige Stunden auf dem Küchentisch, und das schweinsrosa Garnknäuel lag gegenüber vom Küchentisch, vor dem Gasherd. Dann kam die Oma in die Küche, stolperte über den Garnfaden und zog dadurch das Topflappendings vom Küchentisch. Dabei rutschten die Nadeln heraus und rollten unter die Küchenkredenz.

Eine Stunde später kam die Katze in die Küche. Sie balgte mit dem Garnknäuel herum und trug es ins Wohnzimmer.

»Da hängt ja ein Faden dran, Schnurlimurli«, sagte der Opa. »Komm, Schnurlimurli, wir reißen den Faden ab! Sonst kann der Schnurlimurli nicht schön spielen!«

Der Opa riß den schweinsrosa Faden ab, und die Katze packte sich den Knäuel ins Maul und sprang zum Fenster hinaus.

Das Topflappendings lag noch in der Küche auf dem Fußboden, als Berti nach Hause kam. Er kam vom Fußballspielen.

»Berti, putz dir die Hufe ab«, rief der Papa. »Ich habe heute überall gesaugt und gewischt!«

Berti war ein artiger Junge und sofort bereit, den Dreck von seinen Schuhen zu putzen. Doch der Kasten mit dem Schuhputzzeug stand draußen im Vorzimmer. Außerdem war es nicht sicher, ob im Schuhputzzeugkasten wirklich ein Putzlappen war. Da entdeckte Berti auf dem Küchenboden ein kleines, grau-rosa Dings. Ein häßliches, dreieckiges Dings. Er nahm es in die Hand

Streng – strenger – am strengsten

und stellte fest, daß es garantiert nur zum Schuhputzen geeignet war. Er hielt das Dings unter den Wasserstrahl des Abwasch, und dann fuhr er gewissenhaft damit über die Sohlenränder seiner Schuhe.

Das Dings wurde tiefbraun davon. Berti warf es in den Mistkübel.

Nach dem Nachtmahl setzte sich die Familie zum Fernsehen. Sie schauten sich etwas an, wo ein dicker Mensch, der aussah wie ein Meerschwein, die Zuseher aufforderte, nach einem Ausschau zu halten, der aussah wie der Postbeamte. Gerade als die Oma aufschrie und behauptete, der Postbeamte sei ganz sicher der Fleischhauer, der ihr die stinkenden Knacker verkauft hatte, und gerade als die Mama rief, die Oma solle sich nicht aufhetzen lassen, fiel Kathi der Topflappen ein. Sie fragte: »Mama, trennst du jetzt den Lappen auf und machst mir dreißig Zentimeter neu?«

Der Opa sagte: »Das mach ich! Bring ihn her!«

»In der Küche liegt er«, sagte die Mama.

Kathi ging in die Küche und fand keinen Topflappen. Kathi suchte überall in der Wohnung. Und weil Kathi zu heulen anfing, drehte der Papa das Meerschwein ab, und alle halfen Kathi suchen und fanden keinen Topflappen.

Dann fiel dem Opa ein, daß die Katze ein rosa Knäuel gehabt hatte, und der Oma fiel ein, daß sie über den Faden gestolpert war, und Berti fiel ein, daß er seine Schuhe geputzt hatte.

Streng – strenger – am strengsten

Kathi kippte den Mistkübel um und suchte zwischen Eierschalen und Dreck, doch sie erkannte das Topflappendings nicht. Sie hielt es für eine gebrauchte Filtertüte. Kathi heulte so sehr, daß sogar die Stirnfransen naß wurden. Dabei schluchzte sie: »Dafür kriegt man die streng-strenger-am strengsten Strafe! Dafür kriegt man alles, was es in der Schule gibt!«

Die Mama sagte, das sei doch gar kein Problem. Sie wird morgen früh ein Knäuel schweinsrosa Wolle kaufen und den Lappen neu stricken.

Doch so einfach war das nicht. Kathi hatte das schweinsrosa Garn von der Handarbeitslehrerin bekommen. Der hatte es der Stadtschulrat zugeteilt. Und der Stadtschulrat hatte das Garn »en-gros-für-alle-Mädchen-der-Stadt« bei einer Fabrik machen lassen. Jedenfalls gab es nirgends in der ganzen Gegend ein ähnlich schweinsfarbenes, ähnlich häßliches Garn.

Kathi heulte sich wieder die Stirnfransen naß. Die Mama sagte, es sei trotzdem sehr einfach. Sie wird das schon in Ordnung bringen!«

»Das kann niemand mehr in Ordnung bringen«, schluchzte Kathi.

»Doch«, sagte die Mama, »am Montag geh ich mit dir in die Schule und sag der Lehrerin, daß ich von dir verlangt habe, daß du das Dings mit nach Hause nimmst, und daß es jetzt die Katze gefressen hat und daß dich keine Schuld trifft! Laß mich das nur machen! Ich mach das schon!«

Streng – strenger – am strengsten

Kathi hörte zu heulen auf. Aber sie blieb blaß. Am Samstag aß sie keine Nachspeise. Am Sonntag aß sie überhaupt nichts. Und in der Nacht von Sonntag auf Montag wachte sie sechsmal auf. So nervös war sie. Vielleicht wachte sie auch deswegen auf, weil die Kinderzimmertür neben der Klotür war und die ganze Nacht über die Wasserspülung gezogen wurde. Das kam davon, daß der Mama schlecht war. Die Mama hatte am Sonntagabend drei Stück Gänsebraten gegessen, und das vertrug ihre Galle nicht.

Am Morgen, als Kathi aufstand, lag die Mama im Bett, war grün im Gesicht und stöhnte. Die Oma saß bei ihr und hielt ihr die Hand.

»Mama, du mußt mit mir zur Handarbeitslehrerin gehen«, sagte Kathi.

Die Mama murmelte »aaah-auauau-oooooh« und drehte sich zur Wand.

»Gehst du mit mir in die Schule?« fragte Kathi die Oma.

»Liebling, ich muß bei der Mama bleiben«, flüsterte die Oma.

Kathi fragte den Papa, doch der Papa mußte ins Büro.

Kathi fragte den Opa, und der Opa sagte: »Gut, Kathi, gehn wir!«

Der Opa ging mit Kathi zur Schule. Doch knapp vor der Schule, an der Ecke, gab es ihm einen Stich. Unten im Kreuz. Er konnte nicht mehr aufrecht stehen. Nur

Streng – strenger – am strengsten

mehr ganz gekrümmt. Kathi kannte diesen Zustand am Opa. Wenn er diesen Zustand hatte, konnte er nur mehr »ogottogott« sagen. Auf keinen Fall aber konnte er der Handarbeitslehrerin die Sache mit dem Topflappendings erklären.

Der Opa stöhnte: »Ogottogott – tut mir leid, Kathi, aber ich muß – ogottogott – ins Bett.« Er drehte sich um und humpelte schief nach Hause.

Kathi wollte ihm nachlaufen. Sie wollte auch nach Hause. Doch da kamen Evi und die Schestak und die Karin und noch zwei andere aus ihrer Klasse und zogen sie mit zum Schultor.

Kathi saß auf ihrem Platz, Fensterreihe, 3. Pult-Innenseite, und überlegte: Wenn die Mama plötzlich krank geworden ist und der Opa den Stich bekommen hat, kann ja auch die Handarbeitslehrerin krank werden!

Die Handarbeitslehrerin war nicht krank geworden. Sie kam in die Klasse, sagte »setzen« und gab der Handarbeitsordnerin den Schlüssel zum Handarbeitsschrank. Die Ordnerin und eine Ordnerin-Helferin teilten die Köfferchen aus. Kathi öffnete ihr Köfferchen. Den weißen Binkel machte sie nicht auf. Sie saß still und machte sich hinter dem breiten Rücken der Schestak Anni klein. Manchmal schielte sie über den Mittelgang nach vorne zur Evi. Die Evi tat, als stricke sie. Ihr Lappen war schon vierzig Zentimeter lang.

»So«, sprach die Handarbeitslehrerin, »heute tragen wir Noten ein! Meier, Gerti, komm her!«

Streng – strenger – am strengsten

Die Meier saß in der letzten Bankreihe. Sie packte ihr Strickzeug ein und wanderte nach vorne.

Kathi hörte: »Sehr ungleichmäßig, Maschen fallengelassen, mehr bemühen.« Dann wanderte die Meier Gerti mit dem Strickzeug auf ihren Platz zurück. Dabei schnitt sie Gesichter. Die Kinder kicherten.

»Evi, bitte«, sagte die Handarbeitslehrerin. Die Evi lief hinaus und zeigte ihre vierzig Zentimeter vor. Die Handarbeitslehrerin war mit den vierzig Zentimetern zufrieden. Nur die Kettmaschen fand sie etwas zu locker. »Aber«, lobte sie, »fast ein Einser, wahrscheinlich sogar ein Einser!«

Dann schickte sie die Evi auf ihren Platz zurück. Nachher rief sie die Satlasch und die Huber und die Karin und die Ilse Schneck, und dann rief sie: »Kathi!«

Kathi stand langsam auf. Sie dachte streng-strenger-am strengsten. Sonst dachte sie nichts. Wenn sie die Karin – hinter ihr – nicht geschubst hätte, hätte sie gar nicht bemerkt, daß die Evi die linke Hand neben dem Pult in den Mittelgang hinausstreckte. In der Hand von der Evi waren die vierzig Zentimeter Topflappen.

Kathi ging auf den Topflappen zu.

»Kathi, beeil dich doch«, rief die Handarbeitslehrerin. Aber sie schaute nicht auf Kathi, sondern kritzelte emsig mit rotem Kugelschreiber im Notenbüchlein.

Kathi griff nach dem Topflappen. Ihre Hände zitterten. Der Topflappen fiel auf den Boden. Eine Nadel rutschte klappernd heraus.

Streng – strenger – am strengsten

Die Handarbeitslehrerin schaute vom Notenbüchlein hoch. »Paß doch auf, Kathi«, sagte sie.

Kathi bückte sich und hob den Topflappen auf. Fünfzehn schweinsrosa Maschen hingen traurig und nadellos an der Strickerei.

»Vorsicht, Kathi, sonst laufen sie weiter«, rief die Handarbeitslehrerin.

Kathi stand still und starrte auf die schutzlosen, gefährdeten Maschen.

Die Handarbeitslehrerin sprang vom Stuhl auf und lief zu Kathi. Sie nahm Kathi vorsichtig den Topflappen aus den Händen. »Sind ja schon drei Reihen weit gefallen«, jammerte sie. Dann trug sie den Topflappen nach vorn, zum Lehrertisch. Zart und vorsichtig und sanft trug sie ihn. Wie man ein kleines, krankes Kind trägt. Sie setzte sich zum Tisch, und wie man zu einem kleinen, kranken Kind spricht, sprach sie auf den Topflappen ein: »Na, du siehst aber aus« und »Das werden wir schon hinbringen« und »Na, siehst du, dich haben wir schon oben.«

Kathi stand neben dem Lehrertisch. Ihr Herzklopfen war ganz laut. In ihren Ohren sauste es, und vor ihren Augen, in der Luft, flogen kleine violette Punkte herum ... Streng-strenger-am strengsten, gleich ist es soweit, gleich merkt sie es, dachte Kathi. Oder eine aus der Klasse sagt es ihr. Vielleicht sogar die Evi, dachte Kathi.

Die Handarbeitslehrerin schnaubte laut durch die Nase.

Streng – strenger – am strengsten

Jetzt ist es soweit, dachte Kathi. Jetzt!

»So, Kathi«, sagte die Handarbeitslehrerin, »das hätten wir geschafft!« Sie drückte der Kathi die Strickerei in die Hände und steckte ihr das Garnknäuel in die Schürzentasche und sprach: »Vorsichtig tragen, nicht schlafen beim Gehen!«

Kathi ging langsam zu ihrem Platz.

Alle lila Tupfen in der Luft, vor den Augen, waren weg. In den Ohren sauste es nicht mehr, und das Herz klopfte langsam. Kathi war gerade bei ihrem Platz, da rief die Handarbeitslehrerin noch: »Übrigens, sehr brav, Kathi! Du warst sehr fleißig! Siehst du, man muß sich nur bemühen!«

Kathi nickte.

Die Handarbeitslehrerin beugte sich über ihr Notenbüchlein und schrieb emsig. Kathi setzte sich. Sie holte die Äpfel aus dem weißen Tuch und biß in einen Apfel. Obwohl er angebissen und eine Woche alt war, schmeckte er herrlich. Kath aß beide Äpfel auf. Dann gab sie die vierzig Topflappenzentimeter über den Mittelgang hinüber zur Meier Gerti, und die Gerti gab sie der Satlasch und die Satlasch der Evi. Dabei fielen etliche Maschen von den Nadeln. Doch die Mutter von der Evi brachte das bis nächsten Montag wieder in Ordnung.

Kathi hat den Topflappen der Evi noch mehrere Male am Montag vorgezeigt. Einmal nach dem Abketten und einmal mit blauem Häkelrand und einmal in durchsich-

Streng – strenger – am strengsten

tiges Papier verpackt. Die Frau Handarbeitslehrerin war von Mal zu Mal zufriedener mit Kathi. Ins Jahreszeugnis schrieb sie ihr einen Einser. Kathi freute sich mächtig darüber. Und immer, wenn jetzt in der Schule etwas passiert, wo die Kathi furchtbar erschrickt und streng-strenger-am strengsten denken muß, dann fällt ihr das Topflappendings ein, und dann lächelt die Kathi. Und bekommt nie mehr Herzklopfen und Ohrensausen und lila Punkte vor den Augen.

»Die Kathi ist viel selbstbewußter geworden und viel sicherer!« hat die Klassenlehrerin am Sprechtag zur Mama und zum Papa von Kathi gesagt. Die Mama und der Papa von der Kathi waren darüber sehr glücklich. Und darum ist es furchtbar ungerecht von ihnen, daß sie immer sagen, »Mädchenhandarbeiten« sei ein ganz unnützer, altmodischer Gegenstand, der nicht mehr in den modernen Schulunterricht paßt.

Gugerells Hund

Herr und Frau Gugerell hatten ein Haus, einen Garten, ein Auto, eine Waschmaschine, einen Farbfernseher, eine Tiefkühltruhe und ein Ölgemälde. Außerdem hatte Frau Gugerell noch ein Diamanthalsband, und Herr Gugerell hatte ein Motorboot.

Sie hatten sozusagen: A l l e s.

Doch der Frau Gugerell fehlte etwas. Oft saß sie auf der Terrasse und dachte nach, was ihr fehle. Und eines Abends wußte sie es. Sie rief: »Ich weiß was mir fehlt! Mir fehlt eine Familie!«

»Wie bitte?« fragte Herr Gugerell.

»Zu einer Familie gehören mehr als zwei«, rief Frau Gugerell, und dann rief sie noch, daß sie unbedingt eine Familie werden wolle.

»Na gut, na gut«, sagte Herr Gugerell, »dann bitten wir halt den Onkel Edi und die Tante Berta, daß sie zu uns ziehen. Dann sind wir zu viert und eine Familie.«

»Nein«, schrie Frau Gugerell, »dann sind wir ein Altersheim!«

»Krieg halt ein Kind!« schlug Herr Gugerell vor.

Frau Gugerell wollte kein Kind. Sie wollte geschwind eine Familie werden, und bis man ein Kind hat, dauert es mindestens neun Monate. Außerdem bekommt man da einen dicken Bauch. Den mochte sie nicht haben.

Da wußte Herr Gugerell keinen Rat mehr. Doch plötzlich bellte irgendwo ein Hund. Frau Gugerell sprang auf und stieß vor Aufregung den Tisch um, und die Pfirsichbowle tropfte auf Herrn Gugerells Hose. Frau Gugerell rief: »Das ist es! Ein Hund! Mit einem Hund sind wir zu dritt, und mit einem Hund sind wir eine Familie!«

Am nächsten Tag gingen sie in eine Tierhandlung. Eigentlich war es eine Vogelhandlung, aber hinten im Laden war auch ein junger Hund. Der Tierhändler sagte: »Das ist ein Gelegenheitskauf!«

Herr Gugerell kaufte den Gelegenheitskauf für seine Frau.

Frau Gugerell taufte den Gelegenheitskauf »Guggi«. Sie besorgte ein Körbchen mit hellblauen Rüschen rundherum und mit Rädern unten dran und legte Guggi hinein.

Sie fuhr Guggi spazieren, sie sang ihm Lieder vor, sie fütterte ihn mit der Flasche, sie badete ihn jeden Abend, und nachher wog sie ihn und war sehr stolz, weil Guggi jeden Tag um zwei Kilo mehr wog. An manchen Tagen wog Guggi um drei Kilo mehr. Bald war Guggi ziemlich groß.

Und bald war Guggi schon viel größer als Herr und Frau Gugerell. Er war genauso groß wie der Wohnzimmerteppich.

Das freute Frau Gugerell. Herrn Gugerell freute es nicht. Wenn Guggi in einer Tür lag – was er gerne tat – und Herr Gugerell durch die Tür wollte, mußte er über

Guggi klettern, und Guggi hatte das nicht gerne. Aber richtig fest gebissen hatte Guggi Herrn Gugerell nur ein einziges Mal – das war, als ihn Herr Gugerell aus dem Ehebett vertreiben wollte.

Und mit dem Essen gab es auch Schwierigkeiten. Guggi fraß viel. Frau Gugerell mußte viel für Guggi kochen. Kalbssuppe mit Butterkeksen drin, Apfelmus mit Knochensplittern und Lebertranpudding. Das Kochen für Guggi machte so viel Arbeit, daß Frau Gugerell nicht mehr extra für Herrn Gugerell kochen wollte. Sie meinte, er sollte von Guggis Fressen mitessen.

Aus diesen und noch etlichen anderen Gründen wollte Herr Gugerell Guggi loswerden. Eines Abends ließ er 50 Schlaftabletten in Guggis Apfelmus fallen. Als Guggi die Schüssel leergeschlabbert hatte, schlief er ein. Im Wohnzimmer auf dem Teppich.

Herr Gugerell wartete, bis seine Frau im Ehebett war und schnarchte. Dann versuchte er, Guggi aus dem Haus zu tragen. Doch Guggi war viel zu schwer. Herr Gugerell holte sein Auto und fuhr es zur Terrassentür. Er holte ein Seil aus dem Kofferraum und band es an der hinteren Stoßstange fest. Das andere Seilende wickelte er mühsam um Guggi und den Teppich herum. Dann fuhr Herr Gugerell los.

Er fuhr bis zum See. Bis zu seinem Motorboot. Er löste das Seil von der Stoßstange und band es ans Boot. Dann setzte er sich ins Boot und fuhr los.

Es war eine rabenschwarze Nacht. Ohne Mond und

ohne einen einzigen Stern. Als Herr Gugerell ziemlich weit vom Ufer weg war, nahm er sein Taschenmesser und schnitt das Seil durch.

Dann fuhr er zum Ufer zurück, stieg ins Auto um, brauste nach Hause und legte sich in sein Bett und schlief ein.

Aber:

Hunde sind treu, und Hunde können schwimmen, und 50 Schlaftabletten sind für einen Kerl wie Guggi nicht viel.

Es dämmerte gerade, da kam Guggi zurück. Er beutelte das Wasser aus dem Fell und hüpfte ins Ehebett zwischen Herrn und Frau Gugerell.

Obwohl Herr Gugerell alles leugnete, bemerkte Frau Gugerell doch, was geschehen war. Weil der Wohnzimmerteppich fehlte und weil sie die Schleifspuren durch die Tulpenbeete sah.

Sie gab Herrn Gugerell eine Ohrfeige, und am nächsten Tag ging sie zum Gericht und reichte die Scheidung ein. Wegen zu wenig Familiensinn.

Bei der Scheidung wurde alles genau aufgeteilt. Das Haus und das Auto und die Waschmaschine und das Motorboot. Als alles gerecht auf Herrn und Frau Gugerell aufgeteilt war, sprach der Richter: »Ehem, ehem, jetzt bleibt nur noch der Hund!«

»Der gehört mir!« rief Frau Gugerell.

»Wo ist die Rechnung für den Hund?« fragte der Richter. Da zog Herr Gugerell die Hundsrechnung aus der

Tasche, und der Richter verkündete: »Der Hund wird Herrn Gugerell zugesprochen!«

Frau Gugerell bekam einen Schreikrampf, der auch nicht aufhörte, als man ihr drei Krüge Wasser über den Kopf schüttete. Sie wurde von der Rettung in die Nervenheilanstalt gebracht.

Herr Gugerell ging nach der Scheidung ins Wirtshaus und trank acht Bier und acht Korn und ließ sich dann vom Wirt auf ein Zimmer tragen. Er erwachte am nächsten Tag zu Mittag und trank zwei Bier und zwei Korn und spielte mit den Wirtshausgästen Tarock und trank wieder acht Bier und acht Korn. Und dann war es Abend. Doch weil Herr Gugerell kein Geld mehr in der Tasche hatte, trug ihn der Wirt in kein Zimmer, sondern warf ihn hinaus.

Draußen regnete es, und Herr Gugerell hatte keinen Schirm mit. So ging er nach Hause. Er war sehr betrunken. Darum sah er im Wohnzimmer statt einem Guggi drei Guggis, und alle drei Guggis weinten. Herr Gugerell bekam, wenn er betrunken war, leicht Mitleid. Er wankte im Zimmer herum, bis er den wirklichen Guggi unter den drei Guggis gefunden hatte. Er plumpste auf Guggi und weinte auch.

Guggi und Herr Gugerell weinten sich in den Schlaf.

Sie wurden munter, als das Telefon klingelte. Der Chef von Herrn Gugerell war dran und schrie, daß Herr Gugerell fristlos entlassen sei, wenn er nicht sofort ins

Büro käme. Da rannte Herr Gugerell los. Er arbeitete den ganzen Tag, und drei Überstunden mußte er auch machen.

Als er aus dem Büro kam, hatten alle Läden geschlossen. Herr Gugerell fuhr zu einer Wurstbude und kaufte dem Wurstmann alle Debreziner und alle Burenwürste ab. Und fuhr dann mit 120 Sachen nach Hause.

Guggi saß hinter der Haustür und weinte. Als er die Würste sah, hörte er zu weinen auf. Er fraß alle Würste. Doch in den Würsten war sehr viel Paprika und noch mehr Pfeffer. Das war Guggi nicht gewohnt. Er bekam einen Riesendurst und japste nach Luft. Herr Gugerell holte einen Kasten Bier aus dem Keller. Guggi trank zwanzig Flaschen Bier. Dann schlief er ein und seufzte im Schlaf.

Herr Gugerell hockte sich zu Guggi. Er schlief nicht, aber er seufzte auch und dachte: »Meine arme Frau hatte recht! Ich hatte wirklich nicht den richtigen Familiensinn!«

Von diesem Abend an gab sich Gugerell Mühe, Guggi zu lieben. Das war sehr schwierig. Guggi brauchte Zärtlichkeit und Apfelmus mit Knochensplittern und Fürsorge und Lebertran. Und jemanden zum Spielen brauchte er auch.

Herr Gugerell spielte und kochte am Morgen. Dann raste er ins Büro.

In der Mittagspause raste er zurück und gab Guggi Zärtlichkeit und Lebertran.

Am Abend nach Büroschluß kaufte Herr Gugerell ein und lief wieder nach Hause und kochte wieder und spielte wieder und sorgte für Guggi.

Trotzdem wurde Guggi von Tag zu Tag dünner und zotteliger und hatte Durchfall und Magenweh, weil Herr Gugerell das Mus samt den Kerngehäusen kochte und die Knochensplitter nicht klein genug rieb. Herr Gugerell wurde auch immer dünner und bekam Durchfall und Magenweh, weil er die ständige Hasterei nicht vertrug.

Und traurig war Guggi auch. Er wollte nämlich nicht allein bleiben. Wenn Herr Gugerell am Morgen und am Mittag ins Büro ging, winselte und schluchzte Guggi hinter ihm her, daß es Herrn Gugerell ins Herz schnitt. Einmal nahm Herr Gugerell Guggi ins Büro mit, aber das war nichts, weil sich der Chef und die Sekretärin sehr vor Guggi fürchteten. Die Sekretärin sperrte sich aus Angst ins Klo, und der Chef drohte wieder einmal mit der Kündigung.

Einmal versuchte es Herr Gugerell mit dem Babysitterdienst. Er bestellte einen Babysitter. Es kam ein junges Fräulein, das sagte: »Wo ist denn unser Kleines?«

Als das Fräulein Guggi sah, war es empört und erklärte, es sei kein Ungeheuersitter, sondern ein Babysitter und verließ das Haus.

Da beschloß Herr Gugerell schweren Herzens, Guggi zu verkaufen. Er gab ein Inserat in die Zeitung: »Prachthund, 2 m 20 cm lang, an selbstlose, zärtliche Person abzugeben.«

Es kamen etliche selbstlose, zärtliche Personen, und einige davon wollten Guggi kaufen. Doch Guggi ließ das nicht zu. Er knurrte und fletschte die Zähne, wenn ihm die selbstlosen Personen in die Nähe kamen.

Herr Gugerell konnte ihn nur mühsam beruhigen. »Sieh mal«, sagte Herr Gugerell, »sieh mal, Guggi, ich liebe dich ja, aber . . .«

Und dann erklärte er Guggi haargenau, wieviel Arbeit und Plage er habe, seit die Frau Gugerell geschieden und in der Nervenheilanstalt war. Und daß das so nicht weitergehen könne und daß Guggi das begreifen müsse, sagte er.

Guggi blickte aus traurigen Hundeaugen auf Herrn Gugerell und leckte mit trauriger Hundezunge Herrn Gugerells Hand. Dann seufzte Guggi und erhob sich und trottete in die Küche.

Guggi holte die Bratwürste von Herrn Gugerell aus dem Eisschrank und die Pfanne aus dem Küchenschrank und die Margarine aus der Butterdose und briet Herrn Gugerell die Würste.

Ein paar Minuten später kam Guggi mit dem Bratwurstteller im Maul ins Wohnzimmer zurück, und sein treuer Hundeblick sagte: »Wenn ich dir den Haushalt führe und alles sauber halte, darf ich dann bei dir bleiben?«

»Aber natürlich, aber natürlich, lieber Guggi«, sagte

Herr Gugerell und war ganz ergriffen vor Rührung und gab Guggi die halben Bratwürste ab.

Von nun an ging alles glatt. Am Morgen holte Guggi die Zeitung und die Milch und die Semmeln. Allerdings bekam Herr Gugerell nur Pulverkaffee, weil Guggi mit der Espressomaschine nicht zurechtkam. Nach dem Frühstück schrieb Herr Gugerell eine Einkaufsliste und gab Guggi das Wirtschaftsgeld für den Tag. Wenn Herr Gugerell ins Büro fuhr, stand Guggi mit dem Besen bei der Haustür und winkte, und Herr Gugerell winkte zurück.

Guggi war ein sparsamer und wirtschaftlicher Hund. Er lief den ganzen Vormittag in der Gegend herum, bis er die billigsten Gurken und das beste Fleisch fand. Guggi ließ sich nie von den Kaufleuten betrügen. Einmal tief knurren genügte, daß die Milchfrau die ranzige Butter gegen frische umtauschte. Bald war Guggi so gut in den Haushalt eingearbeitet, daß ihm am Nachmittag noch Zeit blieb, für Herrn Gugerell Socken zu strikken.

Am Abend saßen Guggi und Herr Gugerell immer auf der Terrasse und tranken Pfirsichbowle und schauten in den Himmel voll Sterne oder in den Himmel ohne Sterne. Herr Gugerell war glücklich. Nur eines beunruhigte ihn: Guggis Hundeblick. Guggis Hundeblick schien zu sagen: Mir fehlt etwas! Mir fehlt etwas!

Und eines Abends, als sie zusammensaßen – Guggi manikürte sich die Nägel, und Herr Gugerell las die

Abendzeitung – , da brüllte irgendwo eine Kinderstimme.

Guggi sprang auf, und vor Aufregung stieß er den Tisch um, und die Pfirsichbowle tropfte auf Herrn Gugerells Hose. Guggis treuer Hundeblick schien zu sagen: Ich hab's! Ich weiß, was mir fehlt!

»Na gut, na gut«, sagte Herr Gugerell – und mit der einen Hand putzte er die Pfirsichstücke von der Hose und mit der anderen Hand tätschelte er Guggi hinter den Ohren ... »Na gut, na gut, lieber Guggi«, sagte er und seufzte dabei.

Dann holte er das Telefonbuch und suchte die Nummer von der Nervenheilanstalt. Guggi saß neben ihm und quietschte vor Freude wie eine alte Tür im Wind und klopfte mit dem Schwanz den Egerländermarsch; der war das Lieblingslied von Frau Gugerell. Herr Gugerell wählte die Nummer der Nervenheilanstalt und sprach lange mit dem Oberarzt.

Nachdem Herr Gugerell zehnmal »ja« und fünfmal »jajaja« gesagt hatte, sagte er noch zweimal »jawohl« und zum Schluß: »Also morgen mittag, Herr Oberarzt!« und dann legte er auf.

Am nächsten Tag hatte Guggi viel zu tun. Guggi besorgte ein Gartenbett mit Rädern unten dran. Er kochte Apfelmus und kaufte eine große Flasche Lebertran. Und um das Gartenbett herum nähte er drei Reihen rosa Rüschen. Zu Mittag war alles fertig.

Guggi stellte sich zum Gartentor und wartete. Als

Gugerells Hund

Herrn Gugerells Auto um die Kurve bog, wischte er sich je eine Freudenträne aus jedem Auge.

Frau Gugerell lag hinten im Auto. Sie war sehr schwach und sehr mager von der langen Krankheit. Und sehr hilflos und zittrig war sie auch. Guggi nahm sie zärtlich in die Arme und trug sie durch den Garten und legte sie sanft ins rosa-gerüschte Bett.

Guggi saß den ganzen Nachmittag bei Frau Gugerell. Er schob das Gartenbett sanft hin und her, er vertrieb die Fliegen und die Hummeln. Er bellte Schlaflieder und fütterte Frau Gugerell mit Apfelmus und Lebertran.

Herr Gugerell saß daneben und seufzte. Als es Abend wurde, schlich er ins Haus. Er ging in die Küche und nahm sich eine Schüssel mit Mus und ein Glas Lebertran dazu. Er setzte sich zum Küchentisch und aß, und dabei murmelte er: »Man muß den richtigen Familiensinn haben!«

Weil es aber furchtbar schwierig ist, Familiensinn zu haben, stand Herr Gugerell auf und holte aus dem Badezimmer das Schlaftablettenröhrchen und warf alle Schlaftabletten in den Ausguß. Und am nächsten Tag verkaufte er sein Motorboot.

Ich

Ich habe – wie die Erwachsenen das nennen – einen S-Fehler.

Das heißt, ich stoße beim Reden mit der Zunge an die Zähne.

Wenn sich meine Brüder einen Spaß machen wollen, dann machen sie meinen S-Fehler nach; denn das geht leicht!

Ich habe einen Freund.

Der hat auch einen S-Fehler.

Aber es ist nicht sehr schön, mit jemandem nur deshalb befreundet zu sein, weil er den gleichen Fehler hat.

Ein Brief an Leopold...

Pertenschlag, 11.4.

Lieber Leopold,

der Opa meint, ich brauche keinen Brief schreiben, weil Du ohnehin am Wochenende kommst, aber ich bin halt ein Mensch, der seine Regelmäßigkeiten gern hat, und heute ist Mittwoch, und Mittwoch ist Leopold-Brief-Tag. Ich wüßte gar nicht, was ich am Mittwoch zwischen neun und elf tun soll, wenn ich keinen Brief an Dich schreibe. Der Opa sagt, ich soll lieber was gegen die Mäuse tun! Wir haben nämlich seit ein paar Tagen welche. Die Fensterbretter in der Stube sind jeden Morgen voll Mäuse-Scheiße. Der Opa hat gestern eine Falle aufgestellt, aber die Biester sind schlau. Die haben den Speck aus der Falle geholt, ohne daß sie zugeschnappt ist. Und Gift können wir keines auslegen, weil der Jakob doch ein derart blödes Dackelvieh ist, welches immer das frißt, was es nicht soll. Am klügsten wäre, wir würden wieder eine Katze nehmen. Der Grassl hat vier junge. In ein, zwei Wochen sind sie soweit, daß sie von der Katzenmutter wegkönnen. Lange, schwarze Haare haben die. Die Grassl-Katze muß ein Techtelmechtel mit einem Angora-Kater gehabt haben. Der Huber und der Stauderer haben auch Katzen, die sie loswerden wollen. Dem Huber seine sind langweilige Gefleckte, dem Stauderer seine schauen aus wie handgestrickt, braun-weiß, im Ringelstrumpfmuster. Die würden mir besonders gefallen. Aber der Opa will ja keine Katze mehr, seit sie ihm den Konrad totgefahren haben.

Wenn Du am Wochenende kommst, schau Dir alle jungen Katzen an und such eine für mich aus. Ich bin mir ganz sicher: Wenn Du mit einer winzigen Katze daherkommst und dem Opa erklärst, daß Du die Katze magst und doppelt so gern zu uns auf Besuch kommen wirst, wenn wir wieder eine Katze haben, dann läßt er die Katze hier. Noch dazu, wo gerade Dein Geburtstag ist! Es ist ja auch lächerlich: Ein erwachsener alter Mann kann doch nicht jahrelang um einen fetten Kater trauern!

Der Huber Ernsti freut sich auch schon auf Dich. Obwohl er am Wochenende mit seinem Onkel in den Safari-Park fahren könnte, hat er beschlossen, hier zu bleiben, weil Du kommst. Übrigens! Frag Deine Mama, ob sie eine Jacke oder eine Hose von Dir hat, die Dir zu klein geworden ist. Der Ernsti würde dringend was Ordentliches zum Anziehen brauchen.

Der Huber, der Querschädel, kauft Traktor um Traktor – sogar einen eigenen Mähdrescher hat er sich angeschafft – , aber dem Ernsti gönnt er nichts. Der muß mit einer Hose herumlaufen, die ihm zu weit und zu kurz ist, und das Hosentürl hat er mit einer Sicherheitsnadel zugemacht.

Du, Leopold, ich freu mich auf Dich!

Ein Brief an Leopold...

Schau drauf, daß Deine Mama zeitig mit Dir wegfährt, damit du nicht erst am Nachmittag ankommst und mein Mittagessen nicht total verbrutzelt.

Der Opa sagt gerade, er will auch ein paar Zeilen für dich dazuschreiben, aber ich werde den Brief jetzt schnell ins Kuvert stecken und zukleben und so tun, als hätte ich ihn nicht gehört. (Er behauptet sowieso immer, daß ich schwerhörig bin!) Sonst liest er nämlich den ganzen Brief – neugierig wie er ist – , und dann wäre mein Plan wegen der neuen Katze verpatzt.

Bis Samstagvormittag

Deine Oma

PS: Nimm dir ordentliche Schuhe mit!
PPS: Ich mach Dir eine Stefanie-Torte, eine ganz große. Mit Vanillecreme drinnen, ja?

Die Kummerdose

Es war einmal ein kleiner Junge, der hatte großen Kummer. Jo hieß der kleine Junge mit dem großen Kummer.

Immer wenn der Jo ganz traurig war, setzte er sich in den Hof, zu den Abfalltonnen, und weinte. Dort war er ganz allein. Dort störte ihn niemand. Dort war sein Kummerplatz.

Aber einmal, als der Jo auf seinem Kummerplatz saß, kam die Frau Pribil mit ihrem Mistkübel in den Hof. Sie leerte den Mist in die Abfalltonne und sah den Jo. Und merkte, daß er weinte. »Hast du Kummer, Jo?« fragte sie.

Der Jo nickte. Sprechen konnte er wegen der Tränen nicht. Sie machten ihm den Hals so eng, daß kein Wort durchkam.

Die Frau Pribil beugte sich zum Jo und sagte leise: »Du, Jo! Kummer kann man wegbekommen! Ehrlich!«

Der Jo schüttelte den Kopf. Den meinen nicht, sollte das heißen. Meiner ist zu groß!

»Doch«, sagte die Frau Pribil. Sie kramte in ihrer Einkaufstasche, holte eine Dose heraus und klappte sie auf. Die Dose war außen golden und innen grün. Sie hielt dem Jo die aufgeklappte Dose unter die Nase. »Kummer sitzt im Bauch«, sagte sie. »Man kann ihn heraushusten! Du mußt den Kummer in die Dose hineinhusten. Dann

klappe ich den Deckel zu, und der Kummer ist eingesperrt!«

Der Jo glaubte das nicht, aber er wollte die Frau Pribil
nicht kränken. So hustete er ein bißchen in die Dose
hinein.

»Du hustest zu schwach«, sagte die Frau Pribil. »So
geht das nicht! Du mußt husten, daß dein ganzer Bauch
wackelt und die Rippen krachen!«

Da hustete der Jo keuchhustenstark! Sein Bauch wak-
kelte, seine Rippen krachten, sein Kopf wurde ganz rot.
Er bekam ein heißes Gefühl im Bauch, es drückte in der
Brust, dann würgte es im Hals, und dann kam ein häß-
licher, zischender, sehr hoher, schriller Ton aus seinem
Mund.

»Na, siehst du!« rief die Frau Pribil und klappte geschwind die Dose zu. »Jetzt haben wir ihn!«

»Echt?« fragte der Jo.

»Na, du mußt doch merken, wie es dir geht, oder?«
fragte die Frau Pribil.

Der Jo überlegte, wie es ihm ging. Weinen wollte er
nicht mehr. Kein bißchen mehr. Fast heiter war ihm zumute. Richtig zum Lachen war ihm.

»Jetzt darfst du die Dose aber nicht aufmachen«, sagte
die Frau Pribil. »Sonst flutscht der Kummer wieder heraus. Die Dose schließt luftdicht ab. Sie erstickt den
Kummer. Ohne Luft stirbt jeder Kummer. Aber dazu
braucht es seine Zeit!«

»Wie lange braucht es?« fragte der Jo.

Die Kummerdose

»Für einen großen Kummer braucht es Stunden, für einen kleinen ein paar Minuten, kommt ganz auf den Kummer an!«

Die Frau Pribil gab dem Jo die Dose. Der Jo steckte die Dose in die rechte Hosentasche. Leider hatte die Hosentasche ein großes Loch. Die Dose fiel durch das Loch, rutschte das Hosenbein entlang, plumpste auf den Boden, rollte durch den Hof und sprang auf. Ein häßlicher, zischender, sehr hoher, schriller Ton kam aus der Dose und sauste pfeifend die Hauswand hoch.

Die Frau Pribil und der Jo schauten erschrocken zu den offenen Fenstern. Hinter denen hob ein Gejammer und Gegrein an.

Im dritten Stock jammerte die Frau Meier: »Warum sind denn alle so bös zu mir! Warum mag mich denn keiner!« Im zweiten Stock schluchzte der Herr Berger: »Warum tut mir denn jeder unrecht? Warum sind alle so gemein?« Im ersten Stock klagte die Frau Huber: »Warum lachen mich denn alle aus? Ich kann doch nichts für meine Eselsohren und meine Hasenzähne!«

Und im Parterre wimmerte der Herr Hofer: »Nichts gönnen sie mir! Keinen Kaugummi, kein Zuckerl, keine Schokolade!«

»Die haben jetzt meinen Kummer«, sagte der Jo.

Die Frau Pribil nickte.

»Soll ich ihn einsammeln gehen?« fragte der Jo. »Wenn du meinst«, sagte die Frau Pribil.

Der Jo lief von Tür zu Tür und klingelte und bat die

83

Die Kummerdose

Frau Meier und den Herrn Berger, die Frau Huber und den Herrn Hofer, in die goldene Dose zu husten. Aber die Frau Meier und der Herr Berger, die Frau Huber und der Herr Hofer waren dumm. Sie verjagten den Jo. Sie glaubten nicht ans Weghusten.

»Scher dich zum Kuckuck«, rief die Frau Meier.

»Laß mich in Frieden«, rief der Herr Berger.

»Du hast ja nicht alle!« rief die Frau Huber.

»Hau ab, sonst schmier ich dir eine«, rief der Herr Hofer.

Sie schlugen ihre Türen zu und weinten und jammerten und schluchzten und klagten weiter.

Der Jo steckte die Kummerdose in die linke Hosentasche. Die hatte kein Loch. »Wer nicht will, der hat schon«, sagte er leise zu sich.

Er ging in den Hof, setzte sich zu den Abfallkübeln und pfiff ein Lied. Ein schönes, langes Lied. Eines mit dreizehn Strophen.

Die Kummerdose hat der Jo jetzt immer in der linken Hosentasche. Manchmal holt er sie heraus und hustet ein bißchen hinein. Manchmal borgt sich die Frau Pribil die Kummerdose ein bißchen aus. Und hustet hinein. Aber sonst weiß niemand etwas von der Kummerdose.

Sonst hält sie der Jo ganz geheim.

Jonny

Jonny geht nach Hause. Jonny kommt von der Schule. Jonny singt. Jonny singt nur deshalb, weil hinter ihm der Diringer aus seiner Klasse geht und der Diringer nicht merken soll, wie vergrämt der Jonny ist. Der soll denken, daß dem Jonny der Vierer aufs Diktat ganz Wurscht ist, und der Fünfer auf die Rechenprobe auch. Den Diringer jedenfalls, diesem Muster-Einser-Himbeerburli, wird der Jonny nicht merken lassen, daß ihn schlechte Noten stören.

Die schlechten Noten stören ihn ja auch gar nicht. Das Gesicht der Lehrerin stört den Jonny. Der Mund der Lehrerin stört den Jonny. Der Mund mit den Silberrosa-Lippenstift-Lippen. Wenn der Silberrosa-Lippenstift-Lippen-Mund sagt: »Na ja, der Jonny!« Und die Augen der Lehrerin stören den Jonny. Die Lehrerinnen-Augen sind grau, mit einem dünnen schwarzen Tuschestrich am oberen Lid und grünem Lidschatten darüber. Wenn die Lehrerinnen-Augen den Diringer anschauen, sind sie hübsch. Fast so hübsch wie die Augen bei der Wimperntusche-Fernsehreklame. Wenn die Lehrerinnen-Augen den Jonny anschauen, muß der Jonny denken: Die mag mich nicht. Der wär's lieber, ich wär gar nicht hier.

Jonny ist bei der Kreuzung vor der Siedlung. Die Ampel ist rot. Der Diringer holt den Jonny ein. Der Diringer redet, redet von einer Tante Anna und einem Auto, das auf dem Teppich herumfährt, wenn man auf einen Knopf drückt. »Ferngesteuert«, sagt der Diringer.

Jonny gibt keine Antwort. Die Ampel wird grün. Jonny geht über die Straße. Der Diringer bleibt neben ihm. Er fragt: »Auf welcher Stiegen wohnst denn?«

»Vierzig«, murmelt der Jonny.

»Ich wohn auf der siebziger Stiege«, sagt der Diringer.

»Na und?« sagt der Jonny.

»Nix na und«, sagt der Diringer, »ich hab dir's nur g'sagt!«

»Interessiert mich aber nicht!« sagt der Jonny.

Die neue Siedlung, in der Jonny und der Diringer wohnen, ist sehr groß. Jonny hat die Wohnungen gezählt. Das geht leicht. Die Häuser stehen in Reihen. In acht Reihen, und in jeder Reihe sind zwölf Häuser, und jedes Haus hat sechs Stiegen, und jede Stiege sieben Stockwerke, und jedes Stockwerk drei Wohnungstüren. 8 mal 12 mal 6 mal 7 mal 3 ergibt 12096 Wohnungstüren.

Der Diringer redet noch immer. Daß er heute nachmittag für die Rechenschularbeit lernen wird.

»Trottel«, sagt der Jonny.

Der Diringer sagt: »Du Depp«, dann bleibt er stehen. Er will nicht mehr neben Jonny gehen.

Jonny geht weiter. Auf dem Weg liegt eine Konservenbüchse. Jonny spielt Fußball mit ihr. Den Weg entlang, bis zur sechsten Häuserreihe, um die Ecke, bis zur Vierziger-Stiege.

Vor dem Haustor stehen die Frau Steiner und die Frau Dolezal.

Jonny gibt der Konservenbüchse einen Tritt, sie fliegt über den Rasen, landet auf dem Weg vor der siebenten Häuserreihe.

Die Frau Dolezal fragt den Jonny, ob er ihre Gabi gesehen hat. Und die Frau Steiner fragt ihn, ob er ihren Hansi gesehen hat.

»Nein«, sagt der Jonny.

Das stimmt nicht. Jonny ha   den Hansi gesehen. Die beiden stehen   uto- maten und versuchen, die ohne Geld einzuwerfen.

Jonny will zwischen Haus schlüpfen.

»Putz dir die Sch

Jonny stellt sich   mit den Füßen wie   aben will.

»Hör schon   du net wieder Aufz   ten.«

Jonny r   ufen – drei weiße Tü   nster – zehn Stufen   ein Milchglas- fenst

I   en. Er greift zwi-

schen Hemdkragen und Hals und zieht eine Schnur aus
dem Hemd. An der Schnur hängt der Wohnungsschlüssel. Jonnys Mutter will das so.

Jonny sperrt die Wohnungstür auf, hängt seine Jacke
an einen Haken der Garderobe.

Alle anderen Haken sind leer. Jonnys Schwester ist im
Kindergarten. Jonnys Vater in der Werkstatt. Jonnys
Mutter in der Seifenfabrik.

Jonny geht in die Küche. In der Küche riecht es. Es
duftet nicht. Es stinkt nicht. Es riecht. Jonny mag den
Geruch nicht. Er öffnet das Küchenfenster.

Auf dem Gasherd steht ein Topf. Auf dem Deckel vom
Topf liegt ein Zettel. Darauf steht: *Aufwärmen, Gas
klein drehen, Bussi Mutti.*

Jonny liest den Zettel nicht, weil er genau weiß, was
drauf steht. Jeden Tag liegt so ein Zettel auf dem Topf.
Und Jonny weiß auch, was im Topf drin ist: Nudeln von
gestern, ein Stück kleingeschnittene Knackwurst und
eine Menge Tomatensoße. Die Tomatensoße hat Jonnys
Mutter heute früh gekocht. Um sechs Uhr am Morgen.
Zwischen dem Soßemachen und dem Tomatenmarkver-
rühren hat Jonnys Mutter noch ein Hemd gebügelt, eine
Strumpfhose gestopft und einen Pullover gewaschen.
Deshalb hat die Soße Bröckerln bekommen, und außerdem ist die Tomatensoße versalzen.

Jonny sucht in den Küchenschubladen. Er findet ein
Sackerl mit kandierten Kirschen und einen Beutel mit
Nußkernen. Jonny geht ins Wohnzimmer, legt sich auf

die Sitzbank, ißt die Kirschen und die Nußkerne und überlegt: Jetzt sollte ich die Tomatensoße essen und dann das Diktat verbessern und die Rechenprobe auch und dann die Zeichnung vom Waldrand fertig machen und dann die Schuhe von der Mama zum Schuster tragen.

Jonny hat zu alldem keine Lust. Die Soße hat Brökkerln und das Diktat hat dreißig Fehler, und die Rechenprobe muß er ganz neu schreiben, hat die Lehrerin gesagt. Die Zeichnung vom Waldrand ist viel zu braun, und den Schuster kann der Jonny nicht leiden.

Jonny schleckt die klebrigen Finger ab und fischt eine Illustrierte unter der Sitzbank hervor. In der Illustrierten sind eine Menge Königinnen und eine Menge nackte Frauen. Mit dem Berger zusammen schaut der Jonny gern nackte Frauen an, und mit der Mama zusammen gern Königinnen. Wenn Jonny allein ist, mag er weder Königinnen noch nackte Frauen. Jonny schmeißt die Illustrierte unter die Sitzbank zurück. Er steht auf und geht auf den Balkon. Er lehnt sich ans Balkongitter. Gegenüber sind 6 mal 7 mal 3 leere Balkons. Jonny schaut nach links und nach rechts. Leere Balkons mit verwelkten Pelargonienstöcken in den Blumenkästen.

Er beugt sich vor und schaut nach unten. Auf dem Balkon unter ihm liegt ein kaputter Liegestuhl, auf dem Balkon darunter sieht Jonny ein Sesseleck.

Jonny holt eine Schnur aus der Hosentasche. Die

Schnur ist dünn und lang. Jonny läßt die Schnur vom Balkon hängen. Sie reicht bis zum dritten Stock. Der Wind treibt sie hin und her. Plötzlich macht die Schnur in Jonnys Hand einen Ruck. Und dann ist die Schnur weg. Am Balkon im fünften Stock – dem mit dem Sesseleck – lehnt jetzt ein Mädchen. Es hält Jonnys Schnur in der Hand und grinst.

Jonny starrt wütend auf das Mädchen. Es hat schwarze Haare und blaue Augen und eine sehr kleine Nase. Jonny mag sehr kleine Nasen. »Gib mir meine Schnur«, schreit Jonny.

»Hol dir's!« Das Mädchen mit der sehr kleinen Nase grinst.

»Das ist eine echte Drachenschnur«, brüllt Jonny.

»Na und?« Das Mädchen läßt die echte Drachenschnur baumeln.

»Du hast mir's gestohlen!« Jonny beugt sich weit vor.

»Na und!« Das Mädchen wickelt die Schnur um die Hand.

Jonny ruft: »Kannst nix anderes wie *na und* sagen?«

»Na und?« sagt das Mädchen.

»Bist du die Meier-Michi aus dem fünften Stock?« fragt Jonny, obwohl er genau weiß, daß das Mädchen die Meier-Michi aus dem fünften Stock ist. Das Mädchen nickt. »Ich heiße Jonny«, sagt der Jonny.

»Weiß ich«, sagt die Meier-Michi

»Ich hab ja auch gewußt, daß du die Meier-Michi bist«, sagt der Jonny.

Die Meier-Michi nickt wieder, dann fragt sie: »Wenn ich das Schnürl raufschmeiß? Kannst es fangen?«

Jonny sagt, ja klar kann er das Schnürl fangen. Aber die Meier-Michi meint, sie kann die Schnur nicht so hoch werfen, und dann meint sie, der Jonny soll doch herunterkommen und sich die Schnur holen.

Jonny starrt nach unten auf die sehr kleine Nase unter den blauen Augen. Die blauen Augen über der sehr kleinen Nase starren nach oben zu Jonny.

Jonny geht vom Balkon, ins Wohnzimmer, ins Vorzimmer. Er holt seine Geldbörse aus der Schultasche, schlüpft in die Jacke, geht aus der Wohnung und langsam die Treppe hinunter. Im fünften Stock bleibt er stehen. Er lehnt sich an die Aufzugtür und wartet. Die Meier-Tür geht auf. Die Meier-Michi hält ihm die Drachenschnur entgegen.

»Behalt sie«, sagt der Jonny, »ich brauch sie nimmer. Ich geh jetzt schaukeln!«

»Auf den Kinderspielplatz?« fragt die Meier-Michi.

»Bist blöd?« sagt der Jonny. »Ich bin doch kein Baby. Ich geh zum alten Wirtshaus runter. Zu den großen Schaukeln, die ganz rund-uma-dum gehn. Die wo einmal Hutschen vier Schilling kostet!«

»Nimmst mich mit?«

Der Jonny sagt nicht ja und nicht nein.

»Nimmst mich mit?« fragt die Meier-Michi noch einmal.

»Von mir aus«, murmelt der Jonny.

Die Meier-Michi greift in den Halsausschnitt ihres Kleides und zieht eine dünne Kette aus dem Ausschnitt. Daran baumelt ein Schlüssel. Die Meier-Michi versperrt die Tür und sagt: »Blöd, gelt! Aber die Mama hat sonst Angst, daß ich den Schlüssel verlier.«

Jonny greift unter die Jacke und holt ein Stück von seiner Schlüsselschnur heraus. »Ich hab auch so eine Hundsketten«, sagt er.

Die Meier-Michi sagt: »Andere Kinder haben eine goldene Ketten mit einem Schutzengel dran.«

»Ich brauch keinen Schutzengel«, erklärt der Jonny, »ich paß selber auf mich auf.« Und dann sagt er: »Du, Michi, wir hutschen ganz hoch! Immer rund-uma-dum, rund-uma-dum, und wenn nicht viel Leute dort sind, dann läßt uns der alte Hutschenmann für vier Schilling eine halbe Stunde hutschen, und ich hutsch dich dann so schnell, daß dir die Luft in die Ohren zischt!«

Die Meier-Michi nickt. Sie geht neben Jonny die Treppe hinunter. »Fein wird das werden«, sagt sie. »Ich schrei dann ganz laut, wenn wir rund-uma-dum hutschen.«

»Schrei nur, schrei soviel du willst«, sagt der Jonny.

Die Meier-Michi macht dem Jonny vor, wie sie schreien wird. Ganz laut und ganz hoch und ganz lang. Der Jonny schreit mit. Noch lauter. Aber nicht so hoch.

Sie laufen an der Steiner und der Dolezal vorbei, die noch immer vor der Haustür stehen. Die Steiner und die

Jonny

Dolezal schimpfen hinter ihnen her, wegen des lauten, hohen, tiefen und langen Geschreis.

Die Michi und der Jonny rennen quer über den Rasen, auf dem eigentlich nur Hunde sein dürften. Sie schreien noch immer und lachen und wissen beide ganz genau, daß die großen Hutschen beim Wirtshaus unten seit drei Wochen abgerissen sind. Und das alte Wirtshaus auch. Dort baut die Siedlungsgenossenschaft eine neunte Häuserreihe auf.

Die Zwillingsbrüder

Es werden einmal zwei wunderschöne Zwillingsbrüder sein. Arme und Beine werden sie haben und dazu noch Flügel. Flügel mit dunkelblauen Federn. Menschenhaare werden sie haben, blond und glänzend wie pures Gold. Und einen prächtigen Vogelschnabel. Vom Hals bis zu den Zehen wird ihr Leib mit dunkelblauen Federchen bedeckt sein. Sie werden laufen und schwimmen und fliegen können, und dieses Land hier wird ihnen gehören. Im Sommer werden sie im Wasserschloß wohnen, im Winter in der Felsgrotte. Sie werden einander sehr, sehr liebhaben und tagaus, tagein nur glücklich sein. Bis zu ihrem dreißigsten Geburtstag werden sie gar nicht wissen, daß es auch Leid und Kummer auf dieser Welt gibt. Doch an ihrem dreißigsten Geburtstag werden viele, viele Menschen aus dem Nachbarland über die Grenze kommen. Ganz gewöhnliche Menschen – ohne Schnäbel, ohne Flügel, ohne Federn. Daß ihnen ihr eigenes Land zu klein geworden ist, werden sie sagen. Und daß ab jetzt auch dieses Land ihnen gehört! Und daß sie jeden töten werden, der dagegen aufbegehren will! Und die armen Zwillinge werden dagegen machtlos sein, weil zwei gegen so viele gar nichts ausrichten können.

Die ganz gewöhnlichen Menschen werden Häuser bauen und Straßen und Brücken, Gärten werden sie anlegen, sogar zwei richtige Städte werden entstehen. Eine

Die Zwillingsbrüder

am rechten Flußufer und eine am linken Flußufer. Und die ganz gewöhnlichen Menschen werden die Zwillinge auslachen! Was sind denn das für komische Wesen, werden sie fragen. Nicht Mensch, nicht Vogel, werden sie sagen. Das muß ein Irrtum der Natur sein, der solche Mißgeburten hervorgebracht hat! Sie werden Jagd auf die Zwillinge machen. Mit großen Netzen werden sie ausziehen, um sie zu fangen. Den einen werden sie aus dem Fluß fischen, den anderen werden sie von einer Baumkrone herunterholen. Den einen werden sie in die Stadt am rechten Flußufer bringen, den anderen in die Stadt am linken Flußufer. Auf den Hauptplätzen der Städte werden sie hölzerne Käfige errichten. Da hinein werden sie die Zwillinge sperren. »Für unsere Kinder«, werden sie sagen. »Der Anblick dieser Naturirrtümer ist sehr lehrreich!«

Doch gleich in der ersten Nacht, noch vor Mitternacht, werden die Zwillinge die hölzernen Käfigstangen zerpeckt haben. Für so starke Schnäbel wie die ihren wird das eine Kleinigkeit sein! In stockfinsterer Nacht werden sie dann herumirren und nach dem geliebten Bruder suchen. Und sie werden sich sagen: So wie ich ausschaue, bin ich am Morgen auf den ersten Blick erkannt und wieder eingesperrt. Und dann wird der Käfig aus Eisen sein, und Eisenstäbe kann mein Schnabel nicht durchpecken! Und dann werden sie denken: Aber wenn ich mir die Flügel ausreiße und die Federn auch, kann mich niemand mehr so schnell erkennen! Also werden sie sich

Die Zwillingsbrüder

ans schmerzhafte Werk machen, und bei Sonnenaufgang
werden sie gerupft und nackend sein, nur noch zwei
kleine blutige Stellen am Rücken werden davon zeugen,
daß da einmal Flügel gewesen sind. Und die langen
Goldhaare werden sie sich auch kurz beißen. Bloß gegen
ihre Schnäbel werden sie nichts tun können. Doch wenn
man den Kopf gesenkt und im Schatten hält, läßt sich ein
Vogelschnabel und eine große Menschennase kaum auseinanderhalten.

Dann wird der Bruder in der Stadt am rechten Flußufer
einen Betrunkenen finden, der vor einer Wirtshaustür schläft. Dem wird er Rock, Hose, Hemd und Schuhe
ausziehen und sich das Zeug selbst anziehen.

Der Bruder in der Stadt am linken Flußufer wird nicht
soviel Glück haben. Der wird in ein Haus einbrechen
müssen, um sich Kleider aus einem Schrank zu holen.

Und dann wird der Morgen da sein, die Zwillinge werden durch die Straßen der Städte gehen, niemand wird
sie erkennen. Tagelang werden sie verzweifelt nach einander suchen! Schließlich werden sie die Städte verlassen, um den Bruder anderswo im Land zu finden. Auf
der Brücke, die vom rechten Flußufer zum linken führt,
werden sie einander treffen. Der Bruder, der aus der
Stadt am rechte Flußufer kommt, wird unter der Brücke
sitzen und sich ein wenig ausruhen. Und der Bruder, der
aus der Stadt am linken Flußufer kommt, wird auf der
Brücke stehenbleiben und sich über das Brückengelän-
der beugen, um ins Wasser zu schauen. Er wird seinen

Die Zwillingsbrüder

Bruder sehen und sogar guten Tag zu ihm sagen. Aber weil er nicht wissen wird, daß sich auch sein geliebter Bruder die Federn gerupft, die Flügel ausgerissen und die Haare abgebissen hat, wird er ihn nicht erkennen. Und der, der unter der Brücke sitzt, wird ebenfalls nach einem goldhaarigen, prächtig gefiederten Flügelwesen ausschauen und darum der elenden Jammergestalt auf der Brücke bloß guten Tag zumurmeln. Und dann werden sie sich wieder auf die Suche machen, Tag um Tag, Jahr um Jahr. Alt und gebrechlich werden sie werden, hundertmal werden sie noch einander begegnen, ohne einander zu erkennen. Und wenn sie nicht irgendwann einmal sterben werden, dann werden sie ewig herumirren und einander suchen. Viele, viele, bittere Tränen werden sie umeinander weinen, und überall dort, wo eine ihrer Tränen hinfällt, wird im Nu eine winzige dunkelblaue Blume wachsen, eine mit feinen Goldäderchen auf den Blättern. Und die Menschen werden diese Blumen *Brudertreu* nennen, ohne zu wissen, wie recht sie damit haben.

Einer

Es war einmal einer, der hatte niemanden und nichts.

Der hatte keinen Vater und keine Mutter und keinen Bruder und keine Schwester und keinen Freund und keine Frau.

Der hatte kein Haus und kein Bett und keinen Tisch und keinen Geldbeutel und kein Buch und keinen Regenschirm.

Der hatte nicht einmal einen Namen.

Wenn die Leute von ihm sprachen, sagten sie: »Da kommt einer« oder »Da will einer ein Stück Brot« oder »Da friert einer im Regen« oder »Da schläft einer am hellichten Tag auf der Wiese» oder »Da hat einer Eier gestohlen« oder »Da geht einer vorbei.«

Wenn ihn jemand nach seinem Namen fragte, was nur selten geschah, sagte er: »Ach, ich bin so einer.«

Und dort, wo er öfter hinkam, grüßten ihn die Kinder auf der Straße: »Guten Tag, Herr Einer!«

Und sie liefen hinter ihm her und baten ihn: »Herr Einer, schenk uns was!«

Da suchte Einer in den Taschen seiner verbeulten Hose und seines zerrissenen Rockes, kehrte die Taschen um und zeigte den Kindern, daß sie leer waren.

Doch wenn die Kinder weiter baten, schaute sich Einer um und fand immer etwas, was er ihnen schenken konnte:

Einer

eine schillernde, getupfte Vogelfeder,
   die an einem Zweig hing,
einen glatten, glänzenden Stein,
   der am staubigen Weg lag,
ein Stück von einer Wurzel,
   das aussah wie ein alter Mann,
einen Glasscherben, der
   in allen Regenbogenfarben strahlte,
eine blau-weiß gesprenkelte Eierschale,
   die aus einem Nest gefallen war,
einen golden schimmernden Messingknopf,
   der an einer Hausmauer lag,
einen Knochen, den die Sonne
   schneeweiß gebleicht hatte,
oder eine wunderbare Distelblüte.

Die Kinder freuten sich immer, wenn Einer kam.

Die Erwachsenen freuten sich nicht; sie hatten um ihre Eier Angst.

Einer liebte die heiße Sonne und den blauen Himmel und das duftende Gras und die blühenden Bäume. Er wanderte immer dorthin, wo gerade Sommer war. Am liebsten war Einer weit unten im Süden, am Meer, weil dort die Sommer sehr lang und sehr warm sind, und die Winter, wenn man Glück hat, ohne viel Regen und Schnee. Den Winter mochte Einer nicht. Wer kein Haus und kein Bett und keinen Ofen hat, der findet den weißen, glitzernden Schnee nicht schön.

Und wer keinen Vater und keinen Freund und keine Frau hat, der friert und zittert im Regen.

Einer kam in viele Länder. Er gab den Ländern Namen. Dobar-dan-Land nannte er das Land, wo ihn die Kinder mit »Dobar-dan« begrüßten. Und wenn die Kinder, denen er begegnete, »Kali-mera« riefen, wußte er: Jetzt habe ich die Grenze zum Land der Kali-mera-Leute überschritten.

Für Einer gab es auch ein Bon-jour-Land und ein Buenos-dias-Land.

Natürlich wußte Einer, weil er ja nicht dumm war, daß andere Leute seine Länder Jugoslawien und Griechenland und Frankreich und Spanien nannten. Aber er fand die Namen, die er selber erfunden hatte, viel schöner. Und da er keiner war, der sich an das hielt, was die anderen meinten, blieb er bei seinen eigenen Ländernamen.

Einmal, als es im Süden wieder sehr heiß war und das Gras von der Sonne braungedörrt, da dachte Einer: Jetzt wird es im Land der Guten-Tag-Leute langsam warm.

Er machte sich auf die Wanderschaft. Er ging viele Tage, und wenn ihm jemand entgegenkam, grüßte er: »Kali mera« und später »Dobar dan« und freute sich, daß es bald »Guten Tag« heißen würde. Im Land der Guten-Tag-Leute ließ der Sommer dieses Jahr lange auf sich warten. Bis tief in das Frühjahr hinein hatte es geschneit und geregnet. Die Kirschen hätten längst reif sein müssen, aber sie hingen noch klein und grün an den Bäumen.

Einer

Der Erdboden war auch noch sehr kalt, und in den Seen konnte man noch nicht baden.

Besonders kalt war es in den Bergen, über die Einer wandern mußte. So gefroren hatte Einer überhaupt noch nie! Als er von den Bergen herab in das Land der Guten-Tag-Leute kam, war seine Nase rot, seine Augen schmerzten und seine Zähne klapperten. Seine Beine waren zittrig, und auf seiner Brust drückte es arg.

Einer ging weiter, solange ihn die zittrigen Beine trugen; aber das war nicht weit. Er fand einen Heustadl und kroch ins Heu. Bevor er einschlief, dachte er: Morgen früh wird es mir bestimmt besser gehen.

Es ging ihm aber nicht besser. Einer hatte eine Lungenentzündung. Das wußte er aber nicht, weil ja kein Arzt da war, der es ihm gesagt hätte. Jedenfalls konnte Einer nicht aufstehen, und der Schweiß tropfte ihm von der Nase, und das Heu klebte an seinem nassen Körper. Obwohl seine Haut ganz heiß war, fror er fürchterlich.

So fand ihn ein junger Dicker. Der junge Dicke kam zum Übernachten in den Heustadl. Er legte sich ins Heu, rollte seine Jacke zu einem Kopfpolster zusammen, legte den Kopf darauf und wollte einschlafen. Da hörte er Einer stöhnen. Zuerst erschrak der junge Dicke sehr. Er glaubte nämlich ein bißchen an Gespenster, und Einers Stöhnen hörte sich wirklich fürchterlich an. Der junge Dicke zitterte vor Angst. Doch dann hustete Einer. Von Gespenstern, die husten, hatte der junge Dicke noch nie

Einer

etwas gehört. So wurde er wieder mutig. Er knipste die Taschenlampe an und durchsuchte das Heu und entdeckte Einer. Der junge Dicke fühlte Einer den Puls, und was er da zusammenzählte, gefiel ihm nicht. Er beschloß, Einer in das nächste Dorf zu bringen und ihn dort beim Arzt abzuliefern. So lud er sich Einer auf die Schultern.

Das war nicht einfach; denn der junge Dicke war ziemlich klein, und Einer war ziemlich groß. Und der junge Dicke war sowieso schon sehr müde. Unter der ungewohnten Last wurde er natürlich noch viel müder.

Einer

Er hatte noch nicht einmal den halben Weg geschafft, da konnte er schon nicht mehr weiter. »Was soll ich nur machen?« jammerte er.

Da bemerkte er, ein paar Meter vom Straßenrand entfernt, ein kleines Haus mit erleuchteten Fenstern. Der junge Dicke schleppte Einer zu dem Haus und legte ihn vor die Tür. Dann klopfte er ein paarmal. Als er im Haus Schritte hörte, lief er davon.

In dem Haus wohnte eine junge, kugelrunde Frau. Sie wohnte ganz allein. Als sie das Klopfen hörte, ging sie aufmachen. Zuerst sah sie niemanden, denn sie schaute geradeaus und nicht auf den Boden. Sie wollte die Tür schon wieder zumachen, da entdeckte sie Einer.

Die kugelrunde Frau war eine gute und gescheite Frau. Sie wußte sofort, daß Einer Hilfe nötig hatte. Und Gott sei Dank war die kugelrunde Frau auch eine sehr starke Frau! Sie trug Einer in ihr Haus und legte ihn in ihr breites, weiches Bett und zog ihn aus.

Und dann kam die kugelrunde Frau etliche Nächte nicht zum Schlafen und etliche Tage nicht zu ihrer gewohnten Arbeit. Sie machte Einer Brustwickel und packte ihm die Füße in Essigpatschen. Sie rieb ihm die Brust mit heißem Anisöl ein und bestrich ihm den Bauch mit Senfmehlsoße. Sie schob ihm alle zehn Minuten einen Löffel voll Käsepappeltee in den Mund. Sie trocknete ihm die schweißnasse Stirn und machte ihm lauwarme Halsumschläge.

Nach neun Tagen und neun Nächten hatte es die kugelrunde Frau geschafft. Einers Haut war nicht mehr heiß, und sein Atem ging ruhig. Nur schwach, sehr schwach war Einer noch.

Die kugelrunde Frau sagte zu Einer: »Bleib bei mir, bis du wieder ganz stark bist. Du mußt viel essen und lange schlafen, dann wirst du wieder stark.«

Einer war das recht. Seine Beine zitterten noch beim Gehen, und außerdem mochte er die kugelrunde Frau. Sie roch so gut, und ihre Haut war so glatt und warm. Einer fand auch die Haare der kugelrunden Frau sehr schön. Und ihre Nase. Und ihre Augen. Und ihren Mund.

Wenn die kugelrunde Frau in ihrem geblümten Kleid,

Einer

mit der weißen Schürze vor dem Bauch, beim Herd stand und Kaffee kochte oder Krapfen buk, tat Einer nichts anderes als ihr zuzusehen. So sehr gefiel ihm die kugelrunde Frau.

Viel besser gefiel ihm die kugelrunde Frau noch, wenn sie nackt war. Am Abend, wenn sie das Haus versorgt hatte, zog sie sich aus und kroch zu Einer in das breite, weiche Bett. Dann legte Einer seine Hände auf die warme, glatte Haut der Frau. Zuerst wurden Einers Fingerspitzen davon warm, und plötzlich war Einer voll von der Wärme der kugelrunden Frau. Diese Nächte waren für Einer noch schöner, als wenn er am Meer lag und ihm die Sonne auf den Rücken brannte.

Einer blieb den ganzen Sommer über bei der kugelrunden Frau, obwohl er schon längst wieder sehr stark war.

Die kugelrunde Frau hatte neben ihrem Haus eine Weinlaube. Eines Tages bemerkte Einer, daß die Weintrauben auf der Laube reif waren. Da wurde er unruhig.

Als eine Woche später die Blätter vom Birnbaum gelb und rot waren, wurde er noch unruhiger. Und als auf den Telegrafendrähten keine einzige Schwalbe mehr saß, wurde er noch viel, viel unruhiger. In der Nacht konnte er nicht schlafen und drehte sich fortwährend im Bett um. Davon wurde die kugelrunde Frau wach, weil er ja dauernd an sie stieß. »Was hast du?« fragte sie.

Einer

Einer sagte: »Ich bin vom vielen Essen und Trinken und Schlafen schon so stark. Stärker kann ich gar nicht mehr werden.«

Die kugelrunde Frau gab keine Antwort. Sie begriff, daß Einer weggehen wollte. Die Frau lag noch lange wach neben Einer. Aber schließlich schlief sie doch ein.

Einer schlief nicht ein. Er lag ganz still, weil er die kugelrunde Frau nicht mehr wecken wollte. Er dachte an das Meer und an die Olivenbäume. Er dachte an die großen Schiffe und an die kleinen Wolken. Obwohl seine

Hand auf der Haut der kugelrunden Frau lag und die Haut genauso glatt und warm war wie sonst auch, spürte Einer die Wärme nicht – so sehr sehnte er sich nach dem blauen Himmel und der heißen Sonne.

Als die kugelrunde Frau am nächsten Morgen aufwachte, lag sie allein im Bett. Sie dachte gleich, daß Einer in den Süden gewandert war. Trotzdem suchte sie nach ihm: in der Weinlaube, im Keller, auf dem Dachboden, im Garten und im Wald hinter dem Haus. Weil die kugelrunde Frau Einer nirgends fand, ging sie wieder ins Haus und legte sich ins Bett und weinte.

Einer wanderte in den Süden. Er schaute nicht nach rechts und nicht nach links. Er nahm sich keine Zeit, die Fische in den Bächen zu beobachten. Er nahm sich keine Zeit, den Hasen auf den Feldern zuzuschauen. Er hielt sich auch nicht lange auf, in den Heustadln nach Eiern zu suchen. Er lief, als ob jemand hinter ihm her wäre. Bei gutem Wetter gelangte er über die Berge. Als er die Berge hinter sich hatte, seufzte er erleichtert auf und wanderte langsam weiter. Nun kam es ihm nicht mehr so vor, als ob jemand hinter ihm her wäre.

Einmal, als er am Meer lag und schlief, träumte er von der kugelrunden Frau. Er träumte, daß er mit ihr am Meer saß, und seine Hand lag auf ihrer Haut. Die Haut der kugelrunden Frau war wundervoll glatt und warm, und die Sonne schien heiß vom Himmel. Das war ein herrlicher Traum! Einer lächelte, während er schlief und träumte. Doch als er aufwachte, konnte er sich an den Traum nicht mehr erinnern.

Einer wanderte durch viele Länder, und immer schien die Sonne. Er kam durch schöne Städte. Er kam an alten Schlössern vorbei. Er übernachtete in Kirchen mit roten Kirchenfenstern. Er liebte Kirchen, wo in den Fenstern viel rotes Glas war. Entdeckte er so eine, schlich er am Abend hinein. Nach dem Segen ging der Mesner durch die Kirche und schaute nach, ob alles in Ordnung war. Deshalb versteckte sich Einer dann in einer Bank oder hinter dem Altar oder hinter einem Blumenstrauß. In einer Kirche gibt es viele Winkel, wo man sich verstekken kann.

Der Mesner sperrte die Kirchentür zu, und Einer hatte die ganze, große Kirche für sich allein. Solange es noch hell war, schaute sich Einer alle Bilder in der Kirche an. Und meistens war auch etwas an die Decke gemalt. Manchmal, wenn es dämmrig wurde, zündete Einer eine von den vielen Kerzen an und holte sich ein Gesangbuch aus einer Bank und sang sich selber Lieder vor.

Das war sehr schön.

Noch schöner aber war das Erwachen am Morgen, wenn die ersten Sonnenstrahlen durch die roten Glasscheiben fielen. Wenn Einer Glück hatte, standen vor den Fenstern auch noch Bäume, und es wehte der Wind. Dann war da einmal Licht und einmal Schatten in der Kirche. Und drang das Sonnenlicht durch die roten Glasscheiben, wurde es purpurrot. Es hüpfte über die Bänke und über die Altartische, über die Bilder und über die Statuen. Erst war alles flimmernd getupft, dann waren nur noch wenige Punkte da, und plötzlich war die ganze Kirche flammend rot. Einer schaute dem zu, bis er den Mesner an der Kirchentür hörte.

Manchmal bemerkte dann der Mesner Einers Schatten an der Wand, oder er hörte, wenn Einer mit dem Fuß irgendwo anstieß. Dann murmelte der Mesner: »War da nicht einer?«

Eines Tages begegnete Einer einem Wanderzirkus, der über die Landstraße zog. Das war kein großer, prächtiger Zirkus. Der Direktor hatte keinen Frack und keinen Zylinder. Es gab auch keine Löwen, keine Tiger und keine Eisbären. Es gab auch keinen Schimmel, auf dem die Tochter vom Zirkusdirektor hätte reiten können. Nur einen alten, grauen Gaul gab es, der zog den einzigen Zirkuswagen.

Da waren auch kein Dompteur, kein rechnendes Schwein, kein Trapezkünstler und kein küssender Delphin, sondern: der Zirkusdirektor, der zaubern konnte, seine Frau, die kochte, Geld einsammelte und Trommel schlug, ihre Tochter, die zehn Räder hintereinander schlagen, seiltanzen und auf den Händen gehen konnte. Sie hieß mit ihrem Künstlernamen Gummiprinzessin Candida.

Dann gab es noch einen alten Mann, der mit einem Affen Kunststücke vorführte, und einen jungen Mann, der mit der Gummiprinzessin Candida seiltanzte und auf einer Mundharmonika spielte, die nicht größer war als eine halbe Zündholzschachtel.

Die Zirkusleute luden Einer zur Vorstellung am Abend und danach zum Nachtmahl ein. Darum ging Einer mit ihnen weiter.

Der alte, graue Gaul zog den Zirkuswagen. Einer lief mit den Zirkusleuten hinterher. Als sie zu einem Dorf kamen, blieb das Pferd stehen, die Frau Zirkusdirektor lief auf den Dorfplatz und trommelte, bis alle Leute aufmerksam wurden. Dann rief sie: »Die Sensation! Gummiprinzessin Candida! Der klügste Affe der Welt! Die kleinste Mundharmonika! Der beste Zauberer! Kommen Sie! Sehen Sie! Einmalig! Hinreißend!«

Am Abend kamen mindestens zehn Erwachsene und dreißig Kinder vor das Dorf auf die Wiese, wo der Zirkuswagen stand. Sie setzten sich ins Gras.

Die Frau Zirkusdirektor ging mit einem Tablett herum und sammelte Geld ein. Dann holte sie ihre Trommel, schlug einen Wirbel und rief: »Wir beginnen! Das achte Weltwunder!«

Einer gefiel das alles, und als der Zirkusdirektor fragte, ob er als Clown mitspielen wollte, sagte er ja.

Die Frau Direktor schminkte ihm das Gesicht weiß und den Mund purpurrot und die Augenbrauen kohlschwarz und zog ihm vielzuweite Hosen und vielzugroße Schuhe an. Sie drückte ihm eine winzige Geige in die Hand und schickte ihn auf die Wiese, wo Gummiprinzessin Can-

Einer

dida gerade ihre Nummer beendete. Einer verbeugte sich vor den Zuschauern. Dabei stolperte er über die vielzulange Hose und fiel hin. Beim Aufstehen verlor er einen der vielzugroßen Schuhe. Einer suchte den viel-

Einer

zugroßen Schuh. Dabei riß ihm ein Hosenträger, und die Hose rutschte ihm über den Bauch hinunter. Einer setzte sich geschwind auf die Wiese, damit die Hose nicht weiterrutschen konnte. Er versuchte, auf der Geige zu spielen. Doch die gab nur häßliche Töne von sich. Einer warf die Geige weg, sprang auf und lief, die Hose mit beiden Händen haltend, zum Zirkuswagen zurück. Dabei verlor er den zweiten vielzugroßen Schuh.

Die Kinder und die Erwachsenen klatschten wie verrückt. Die Zirkusleute waren von Einer begeistert. Sie sagten, er sei ein wundervoller Clown.

Nach der Vorstellung saß Einer bei den Zirkusleuten. Der Direktor und Candida erzählten von dem großen, prächtigen Zirkus, den sie einmal haben würden. Der alte Mann mit dem Affen erzählte von dem großen, prächtigen Zirkus, den er einmal gehabt hatte, und der Mann mit der winzigen Mundharmonika erzählte, daß er bald noch eine winzigere Mundharmonika haben werde, und dann würden die großen, prächtigen Zirkusdirektoren kommen und ihn engagieren.

Die Frau Zirkusdirektor zählte das Geld, das sie eingesammelt hatte, und freute sich, daß es für Brot und Käse eine Woche lang reichte.

Einer zog zwei Wochen mit dem Zirkus herum. Jeden Abend spielte er Clown. Doch nach zwei Wochen hatte er sich in den großen Schuhen und in der lange Hose so gut zurechtgefunden, daß er die vielzugroßen Schuhe nicht mehr verlor und über die vielzulange Hose nicht

Einer

mehr stolperte. Und die Geige hatte er so gut gestimmt, daß es hübsch klang, wenn er mit dem Bogen über die Saiten strich. Da lachte niemand mehr über ihn, nicht einmal die Kinder.

Einer verabschiedete sich von den Zirkusleuten und zog allein weiter.

Ein paar Tage später lernte er einen alten Kapitän kennen. Der alte Kapitän war der Besitzer eines kleinen Frachters. Mit dem Frachter fuhr er die Küste entlang und zu den kleinen Inseln. Einmal hatte er sein Schiff mit Pfirsichen vollgeladen, ein anderes Mal mit Öl oder Holz.

Manchmal fuhr er ein paar reiche Urlauber auf dem Meer spazieren, die das Leben zur See kennenlernen wollten. Einer hockte mit dem Kapitän zwei Abende lang zusammen, und der Kapitän kaufte ihm Rotwein und Pizzas und erzählte ihm von Seeräubern und Rauschgiftschmugglern. Als der Kapitän wieder an Bord gehen mußte, nahm er Einer mit.

Einer gefiel es auf dem Schiff gut. Er half dem Koch beim Kartoffelschälen. Er half auch den drei Matrosen ein bißchen. Er schrubbte die Kapitänskajüte und polierte die Messingknöpfe an der Sonntagsjacke des Kapitäns. Doch meistens saß er an der Reling und schaute auf das Meer und ließ sich die Sonne auf den Rücken scheinen. Der Kapitän saß oft bei ihm und erzählte ihm aus seinem Leben.

Einer

Als Einer von dem Frachter wieder an Land ging, war es im Süden schon sehr heiß. Es war die Zeit, in der Einer immer dachte: Jetzt wird es im Land der Guten-Tag-Leute langsam warm. Da ging Einer, wie jedes Jahr, nach Norden. Er ging aber sehr langsam, und als er nahe dem Land der Guten-Tag-Leute war, hörte er überhaupt auf zu gehen.

Er dachte: Ich werde diesen Sommer über im Land der Dobar-dan-Leute bleiben.

Er dachte: Ich werde mir Melonen von den Feldern holen und rote und grüne Paprika.

Einer

Er dachte: Ich werde auf den Feldern schlafen, weil es hier so warm ist.

Er dachte: Ich werde keinen Pullover brauchen und keine dicke Hose.

So blieb Einer im Land der Dobar-dan-Leute, nahe der Grenze zum Land der Guten-Tag-Leute, und er hatte es dort sehr gut.

Einmal hatte Einer seit Tagen nichts Ordentliches gegessen. Nur Melonen von den Feldern, und die machen nicht satt. Bei den Bauernhöfen war nichts zu holen. Die Hoftüren waren versperrt, und dahinter bellten die Hunde.

Ein paar Hühner entdeckte Einer auf der Straße. Er hätte sich gern eines davon gefangen und gebraten. Aber anderer Leute Hühner nehmen bringt noch mehr Ärger, als anderer Leute Eier nehmen. Wegen einem gestohlenen Ei setzt sich kein Gendarm ins Auto und sucht den Dieb. Bei einer gestohlenen Henne kann das aber schon passieren – wenn die Bäuerin sehr jammert. So verzichtete Einer auf den Hühnerbraten und wanderte zum Dorf hinaus.

Er kam zu einem Bach, einem ziemlich breiten, tiefen Bach.

Einer setzte sich an den Bachrand und schaute ins Wasser. Da sah er einen großen, dicken Fisch.

Der Fisch schwamm nicht, sondern stand ganz still. Einer beugte sich weit nach vorne und griff geschwind mit beiden Händen nach dem großen, dicken Fisch.

Einer

Der Fisch wehrte sich und zappelte und schlug mit den Flossen. Es war gar nicht leicht, ihn festzuhalten.

Wenn einer so hungrig ist wie Einer, dann läßt er nicht so leicht los.

Einer fiel in den Bach und rutschte auf den glitschigen Steinen am Grunde des Wassers aus. Er kam mit dem Kopf unter Wasser, und die Mütze schwamm ihm beinahe davon. Aber als Einer aus dem Bach stieg, hielt er den großen, dicken Fisch noch immer in den Händen. Einer suchte dürre Zweige und machte ein Feuer. Er bestreute den Fisch mit Salz, das er in seinem Beutel hatte.

Er suchte auf der Wiese nach Kräutern. Er fand eine ganze Handvoll Rosmarin und Salbei und Wacholder und Bohnenkraut. Die steckte er dem Fisch in den Bauch. Dann briet er den Fisch, und der große, dicke Fisch wurde knusprigbraun; sein Fleisch war schneeweiß. Die besten Köche in den teuersten Restaurants der Welt hätten Einer um diesen Fisch beneidet!

Einer aß den ganzen großen Fisch auf. Dann war er so satt und vollgegessen, daß er sich nicht mehr rühren konnte.

Er schlief zwei Tage und zwei Näche lang auf der Wiese. Und als er endlich ausgeschlafen war, fühlte er sich noch immer satt und hatte noch immer den köstlichen Fischgeschmack im Mund und den wunderbaren Fischduft in der Nase.

Da war Einer sehr glücklich.

119

Einer

Eines Tages, es war schon fast Herbst, saß Einer am Straßenrand und aß eine Melone. Da sah er einen Mann auf der Straße gehen. Der Mann kam von Norden, wo das Land der Guten-Tag-Leute ist. Der Mann hatte einen zerlumpten Mantel an und Schuhe mit Löchern. Er war so einer wie Einer. Er blieb bei Einer stehen, zeigte auf die Berge im Norden und sagte: »Dort drüben ist es schon sehr kalt. Die Leute heizen schon ihre Öfen.« Der

Mann, der so einer war wie Einer, ging weiter, und Einer schaute gegen Norden.

Wie es jetzt im Land der Guten-Tag-Leute wohl aussah? Ob die Bäume noch Blätter hatten? Ob die Sonne zu Mittag noch wärmte? Ob es noch Blumen gab? Und die kugelrunde Frau? Heizte sie schon ihren Kachelofen, oder saß sie in der Küche beim Herd?

Einer hatte es plötzlich sehr eilig. Er wollte keine Minute länger warten. Er holte seinen alten, zerrissenen Pullover aus dem Beutel und zog ihn über das Hemd. Seine Mütze drückte er fest auf den Kopf, und die Schuhe schnürte er enger. Den wolligen Schal wickelte er zweimal um den Hals und kreuzte die Enden auf der Brust. Das hielt warm. So verpackt kam Einer gut über die Berge. Im Land der Guten-Tag-Leute war kein Blatt mehr an den Bäumen. Auf den Stoppelfeldern saßen die Krähen. Der Himmel war grau, und aus den Schornsteinen stieg Rauch auf und machte den Himmel noch grauer.

Die kugelrunde Frau stand im Garten, als Einer kam.

Sie hängte Bettücher an die Wäscheleine. Die weißen Vierecke flatterten im Wind. Sie erinnerten Einer an Segelboote auf dem Meer.

Die kugelrunde Frau sah Einer und ließ das Bettuch, das sie gerade in der Hand hielt, fallen. Sie stieß einen Schrei aus. Keinen erschrockenen Schrei, sondern einen glücklichen. Sie lief zu Einer und fiel ihm um den Hals.

Einer

Das war ein sehr angenehmes Gefühl für Einer, und für die kugelrunde Frau auch.

Die kugelrunde Frau kochte für Einer Bohnen mit Speck und holte Wein aus dem Keller. Sie machte in dem dicken, grünen Kachelofen Feuer.

Eines Tages merkte die kugelrunde Frau, daß sie ein Kind bekommen würde. Sie freute sich darüber und wurde von Tag zu Tag kugelrunder.

Am Abend, wenn sie im Bett lagen, legte Einer seine Hände auf den Bauch der Frau. Dann spürte er manchmal, wie sich das Kind im Bauch der kugelrunden Frau bewegte.

Und manchmal, wenn Einer vor dem Kachelofen saß und sich den Rücken wärmte, dann stellte er sich das Kind vor.

Er dachte an ein dickes, blondes Mädchen mit blauen Augen.

Als dann das Kind aus dem Bauch der kugelrunden Frau kroch, war Einer sehr erstaunt. Das Kind hatte keine blauen Augen und keine blonden Locken. Und dick war es auch nicht – es war ein kleines, dünnes, schwarzhaariges Wesen mit braunen Augen und mageren Armen, und es sah sehr verfroren aus.

»Ist das ein Mädchen?« fragte Einer.

»Das ist ein Hans«, sagte die kugelrunde Frau.

»Sehen Hänse immer so aus?« erkundigte sich Einer.

Einer

Die kugelrunde Frau lächelte stolz und sagte: »So hübsch sind nicht alle Hänse!«

Einer sang dem Hans oft Lieder vor; er hatte es ja in den roten Kirchen geübt. Wenn die kugelrunde Frau dem kleinen Hans »Schlaf, Kindlein, schlaf« vorsang, dann fing der kleine Hans zu weinen an. Wenn ihm aber Einer »Christi Mutter stand mit Schmerzen bei dem Kreuz . . .« vorsang, dann lachte der kleine Hans. Und sang Einer das Lied in der Sprache der Buenos-dias-Leute oder in der Sprache der Bon-jour-Leute, dann lachte der kleine Hans noch mehr.

Und an den Fußsohlen wollte der Hans gekitzelt werden. Und in den Garten getragen werden wollte er auch.

Und dem Hans in die wenigen schwarzen Haare einen Scheitel bürsten, das konnte auch nur Einer.

Da dachte Einer, daß ihn der kleine Hans eigentlich sehr nötig habe.

Oft fuhren Einer und die kugelrunde Frau den Hans im Kinderwagen spazieren. Die Leute freuten sich, wenn sie Einer mit der kugelrunden Frau und dem Hans sahen. Sie hatten keine Angst mehr um ihre Weintrauben. Weil Einer ja mit der kugelrunden Frau zusammen war, und die hatte Eier und Weintrauben genug.

Die Leute sagten auch nicht mehr: »Da kommt einer« oder »Da geht einer vorbei.« Die Leute sagten jetzt: »Da kommt der Vater von Hans« oder »Da geht der Vater von Hans vorbei.«

Und wenn ihn jemand nach seinem Namen fragte, was

Einer

jetzt gar nicht selten geschah, dann sagte Einer: »Nennt mich Hans, nach meinem Sohn.«

Und manche Leute sagten jetzt zur kugelrunden Frau »Frau Hans«.

Aber als der Herbst kam und die Weintrauben auf der Laube reif und die Blätter am Birnbaum rot und gelb waren, da wurde Einer traurig.

Und als dann die Weintrauben abgeerntet und auf dem Birnbaum nur noch zwei kleine Blätter waren, da wurde Einer ganz blaß und mager vor lauter Traurigkeit.

Einer fror. Die kugelrunde Frau konnte soviel Holz in den Ofen stecken, wie sie wollte: Einer saß am Fenster und fror. Manchmal sagte er: »Alle Schwalben sind schon im Süden.«

Oder: »Bald wird es schneien!«

Dabei schaute er so unglücklich drein, daß es der kugelrunden Frau fast das Herz brach. Und weil sie kein gebrochenes Herz haben wollte, so packte sie eines Tages drei Vorratswürste und ein Dutzend Winterbirnen und ein großes Stück Käse in den Rucksack und sagte zu Einer: »Da! Schnall den Rucksack auf den Buckel und geh! Den Winter über kommen wir gut allein zurecht!«

Und sie sagte: »Einer ist unglücklich, wenn er gehen muß, ein anderer ist unglücklich, wenn er bleiben muß.«

»Und du?« fragte Einer.

»Ich gehöre zu denen, die gern bleiben«, antwortete die kugelrunde Frau.

Sie hielt Einer den Rucksack hin, und Einer schnallte sich den Rucksack auf den Buckel.

»Bis zum nächsten Sommer«, sagte er und ging, vom Haus weg, die Straße hinunter, dem Dobar-dan-Land, dem Kali-mera-Land und anderen Ländern, für die er erst einen eigenen Namen würde erfinden müssen, zu.

Die kugelrunde Frau stand vor dem Haus, den Hans hielt sie auf dem Arm.

Einer

»Er kommt wieder«, sagte sie zum Hans, »er kommt ganz sicher wieder! Aber wenn man wiederkommen will, muß man zuerst einmal weggehen. Stimmt's?«

Der Hans war noch viel zu klein, um zu verstehen, was die kugelrunde Frau gesagt hatte. Er nickte ihr trotzdem zu und lachte.

Florenz Tschinglbell

Sisi und Sigi waren Geschwister. Sie stritten jeden Tag, und jeden zweiten Tag prügelten sie sich, wobei Sigi immer den kürzeren zog, weil er nur boxte, Sisi aber zwickte und kratzte und biß und mit den Füßen trat.

Sisi und Sigi stritten nie wegen Kleinigkeiten. Dinge wie abstehende Ohren, kaputte Elektro-Autos, eingedrückte Puppenaugen, verbogene Heftdeckel, Hasenzähne und Dreckfinger störten weder Sisi noch Sigi.

Sisi und Sigi stritten immer wegen der gleichen Sache.

Florenz Tschinglbell

An dem Tag, von dem ich erzählen will, saßen Sisi und Sigi im Kinderzimmer und vertrugen sich ein bißchen.

»Weißt du was zum Spielen?« fragte Sigi.

»Blek Pita«, sagte Sisi.

»Kenn ich nicht«, sagte Sigi.

»Heißt *Schwarzer Peter* auf englisch«, erklärte Sisi.

»Und warum«, fragte Sigi, »warum sagst du das englisch?«

Sisi holte die Schwarze-Peter-Schachtel aus der Tischlade, drehte sie hin und her und sprach: »Ach, das hab ich mir so angewöhnt, von meiner Freundin, der Florenz Tschinglbell, die redet ja englisch!«

»Hör auf«, rief Sigi, »hör sofort auf!« Sigi hätte sich nämlich noch gern ein bißchen mit Sisi vertragen. Aber wenn Sisi mit Florenz Tschinglbell anfing, ging das leider nicht.

Seit einer Woche hatte Sisi das. Seit einer Woche behauptete sie, eine Freundin zu haben, die Florenz Tschinglbell hieß und Vampirzähne und Schuhnummer 50 hatte und lange meergrün-blaue Haae und einen Hund mit Reißzähnen namens Lin-Fu, der statt wauwau tschingtschang bellte, weil er ein großer gelber chinesischer Hund war.

Sigi konnte nicht an diese Freundin glauben. Noch dazu, wo sie im Kanal wohnte. Im Kanal beim Kino, über dessen Einstieg eine Litfaßsäule war.

Sigi rief also noch einmal: »Hör sofort auf!«

Doch Sisi hörte nicht auf. Sie öffnete die Kartenschachtel. »Schau her«, sagte sie und zeigte auf die oberste Karte.

Sigi schaute hin. Er betrachtete die oberste Karte. Der Tower von London war darauf.

Sisi erklärte triumphierend: »Na! Wie käm ich denn zum Tower von London, wenn ich nicht die Florenz Tschinglbell zur Freundin hätt, ha?«

»Du Kuh, du«, brüllte Sigi, »für wie blöd hältst du mich denn? Weil du eine Karte von meinem Städtequartett zu deinen Schwarzen-Peter-Karten steckst, so glaub ich noch lang nicht an den Vampirzahnhund!«

»Er hat Reißzähne«, sagte Sisi, »sie hat die Vampirzähne!«

Sigi gab keine Antwort. Er wollte sich nicht noch mehr aufregen.

Sisi holte eine Karte aus der Schachtel. Es war die Karte mit der Marienkäferfrau. Die Karte war auf der unteren Hälfte braun-grau und verbogen. Sisi schaute die Karte an und meinte verträumt: »Sigi, siehst den Dreckfleck da? Da haben wir in der Litfaßsäule Blek Pita gespielt, und da ist mir die Karte in den Kanal gefallen.«

Sigi bekam vor Wut fast keine Luft zum Atmen. »Die Karte«, keuchte er, »ist dir am Sonntag ins Kakao-Häferl gefallen!« Sisi schüttelte den Kopf. »Ich war doch dabei«, keuchte Sigi weiter.

Sisi sagte: »Gar nicht wahr!« Und dann: »Du hast geträumt!«

Sigi boxte Sisi die Marienkäferkarte aus der Hand.

Sisi biß Sigi in den Arm.

Sigi boxte Sisi in den Bauch.

Sisi kratzte Sigi quer übers Gesicht.

Der Vater kam ins Kinderzimmer und schrie: »Friede – Friede!« Da Sisi und Sigi ziemlich wohlerzogene Kinder waren, hörten sie sofort auf zu kämpfen.

Sisi sagte: »Papa, er glaubt mir schon wieder nicht!«

Sigi sagte: »Papa, sie lügt schon wieder so!«

Der Vater war nicht einer, der von seinen Kindern nur die Namen und die Schuhgröße weiß. Der Vater kannte die Schwierigkeiten von Sigi und Sisi genau. Aber der Vater hatte einen anderen Nachteil. Er glaubte, alle Probleme auf der Welt seien mit ein bißchen Witz und Spaß und Humor zu lösen. Der Vater zwinkerte also Sigi verschwörerisch zu und sagte grinsend zu Sisi: »Na, Sisilein, was glaubt er dir denn nicht?«

»Er glaubt mir die Tschinglbell nicht!« klagte Sisi.

»Ich glaub dir die Tschinglbell!« rief der Vater und zwinkerte wieder.

Sigi blinzelte zurück und bat Sisi scheinheilig, ihm doch von der Tschinglbell zu erzählen.

Und Sisi erzählte. Von den meergrün-blauen Haaren, von den sehr spitzen Vampirzähnen, von der Schuhnummer 50, von Lin-Fu und seinen Reißzähnen und seinem Tschingtschang-Gebell. Und vom Kanal unter der Litfaßsäule natürlich auch.

Florenz Tschinglbell

Den Vater freute das ungemein. Er war eben ein heiterer Mensch.

Sigi flüsterte ihm zu: »Alles gelogen! In der Litfaßsäule ist eine Kiste mit Sand zum Streuen. Und den Schlüssel dazu hat der Straßenkehrer!«

»Vielleicht ist der Straßenkehrer der Vater von ihr?« flüsterte der Vater zurück. Der Vater hatte zu laut geflüstert. Sisi rief: »Seid nicht so dumm! Der Straßenkehrer ist ein türkischer Gastarbeiter, und die Florenz Tschinglbell ist Engländerin!«

»Redest du englisch mit ihr?« fragte Sigi und blinzelte dem Vater zu.

Der Vater zwinkerte zurück wie eine Blinklichtampel. Es war schön, daß er sich mit seinem Sohn so gut verstand.

Sisi sagte: »Die Florenz redet so englisch, daß man sie auch versteht, wenn man nicht Englisch kann!«

»Aha, aha«, riefen Vater und Sohn Sigi im Chor. Sie verstanden sich immer besser.

»Lad sie doch ein«, sagte der Vater, »ich möcht' sie kennenlernen!«

Sisi wollte nicht. Sie sagte, das sei ganz unmöglich, weil Lin-Fu recht bissig sei und auch Florenz die Vampirzähne benutzte, wenn sie wütend wurde. Und sie wurde ziemlich leicht wütend.

»Wir werden sie besuchen«, rief der Vater.

»Wir klopfen an die Litfaßsäule, bis sie aufmacht«, schrie Sigi.

»Sie macht nur auf«, sagte Sisi, »wenn man sich telefonisch anmeldet.«

»Sie hat Kanaltelefon?« Der Vater grinste hinter der vorgehaltenen Hand und trat Sigi gegen das Schienbein, damit er zu kichern aufhörte.

»Keines mit Hörer und Wählscheibe«, verkündete Sigi, »nur so ein Loch in der Mauer, und da kommt meine Stimme heraus, wenn ich mich anmelde.«

»Und wo telefonierst du hinein?« fragte der Vater.

Sisi wollte es nicht sagen. Erstens, weil es geheim war, und zweitens, weil es Tschinglbell verboten hatte, und drittens, weil es angeblich gefährlich war.

Der Vater und Sigi schmeichelten: »Sisi, bitte, bitte, Sisi!«

»Na gut, ich sag es«, seufzte Sisi, »am Klo! In die Klomuschel hinein!«

Sigi und der Vater kreischten los wie die Affen. Sie sprangen im Zimmer herum und brüllten: »Durchs Klo, durchs Klo, sie telefoniert durchs Klo!«

Dann liefen sie zum Klo. Sigi zog die Spülung, und der Vater brüllte in die Muschel: »Hallo, hallo, hier Klo vom zweiten Stock! Florenz Tschinglbell, hörst du mich? Hier spricht der Vater von Sisi! Es ist dringend, dringend!«

»Hört auf«, sagte Sisi, »sie hält gerade ihren Mittagsschlaf!«

Dem Vater war das gleichgültig. Jetzt zog er die Spülung, und Sigi brüllte in die Muschel.

Die Mutter kam aus dem Wohnzimmer und beschwerte sich. »Plemplem«, rief sie, »das hört doch der Meier durchs Klo durch!«

Der Vater hörte mit dem Spülungziehen auf und Sigi mit dem Brüllen. Vor dem Meier hatten sie Angst. Der Meier klopfte immer mit dem Besen, wenn es laut wurde, und Briefe an die Hausverwaltung schrieb er auch.

»Wir haben nur Spaß gemacht«, entschuldigte sich der Vater.

»Heidenspaß!« sagte Sigi.

Sisi lehnte an der Kinderzimmertür und biß an ihrem linken Daumennagel.

»Bist du uns böse?« fragte der Vater.

Sisi schüttelte den Kopf. »Nicht böse«, sagte sie leise, »aber ich habe Angst um euch!«

»Warum hast du Angst?« Die Mutter verstand gar nichts.

»Ihre Zähne sind so scharf«, murmelte Sisi.

Auf einmal hörte man auf dem Gang vor der Wohnungstür schwere, laute Schritte, die näher kamen, und ein grün-blauer Meergeruch kroch durch das Schlüsselloch.

Dann rüttelte es an der Wohnungstür, und eine Stimme, genauso kreischend wie eine Kreissäge, sagte: »Ju haben schreid for mi! Ei em hier! Open das Dor, ju lausige Bastards, ju!«

Sisi ging mit kleinen Schritten durchs Wohnzimmer, vorbei an ihrem Vater, vorbei an Sigi. Sie hatte in jedem

Auge eine große Träne. Wenn der Vater auch ein bißchen zu witzig war und Sigi auch nie etwas glauben wollte – sie hatte die beiden doch sehr liebgehabt. Ich werde sie sehr vermissen, dachte Sisi und öffnete ihrer Freundin die Tür.

Der Bohnen-Jim

Es war einmal ein kleiner Junge, der hieß Jim, und der hatte eine kleine Schwester, die Jenny. Die Jenny war fast noch ein Baby. Richtig sprechen konnte sie nicht. Sie konnte erst einen Satz sagen. Der Satz hieß: »Das will Jenny haben!«

Jenny zeigte immer auf Jims Spielsachen und schrie: »Das will Jenny haben!« Und sie hörte erst zu schreien auf, wenn sie bekommen hatte, was sie wollte.

Eines Tages fand der Jim eine wunderschöne Bohne. Sie war groß und schwarz, mit weißen Streifen und rosa Punkten. Der Jim schmierte die Bohne mit Schmalz ein. Da glänzte sie ungeheuer schön. Wie der Jim so saß und seine schöne Bohne bewunderte, kam die Jenny. Sie sah die Bohne und schrie: »Das will Jenny haben!« Sie schrie sehr laut.

Der Mutter ging das Geschrei auf die Nerven.

Die Mutter sagte: »Jim, gib ihr doch die blöde Bohne!«

Die Bohne war aber nicht blöd, sondern wunderschön, und der Jim wollte sie nicht hergeben. Er machte eine feste Faust um die Bohne und hielt die Faust in die Luft. Die Jenny schrie und sprang nach der Faust. Und die Jenny war sehr kräftig und konnte sehr hoch springen. Sie bekam die Faust zu fassen und zog Jims Arm zu sich herunter und versuchte in die Faust zu beißen. Und die Mutter rief: »Jim, sei ein lieber Bruder! Gib ihr die Bohne!«

Der Jim wollte kein lieber Bruder sein. Diesmal nicht! Er wollte seine Bohne nicht hergeben. Die Jenny biß den Jim in die Finger. Der Jim brüllte los und öffnete die Faust. Die Bohne fiel zu Boden und sprang unter den Schrank.

Der Jim und die Jenny knieten vor dem Schrank nieder und versuchten, die Bohne zu erwischen. Die Bohne lag ganz weit hinten, an der Wand. Jennys Arm war zu kurz, um an die Bohne zu kommen. Jims Arm reichte. Er griff nach der Bohne und bekam sie zwischen die Finger und dachte: Wenn ich sie hervorhole, nimmt sie mir die Jenny weg! Und die Mutter hilft mir nicht! Sie hält immer zur Jenny! Und da hatte der Jim einen Einfall. Er holte die Bohne hervor und steckte sie, so schnell, daß Jenny nichts dagegen tun konnte, in den Mund. Er dachte: Hinter meinen Zähnen kann sie nichts hervorholen! Da beiße ich nämlich zu.

Die Jenny versuchte trotzdem, die Bohne hinter Jims Zähnen hervorzuholen. Und der Jim biß zu! Aber dabei verschluckte er leider die wunderschöne Bohne! Sie rutschte ihm einfach den Schlund hinunter. Wahrscheinlich, weil sie mit Schmalz eingeschmiert war. Schmalz macht nicht nur glänzend, sondern auch schlüpfrig!

Die Jenny greinte noch ein bißchen um die Bohne, aber dann fand sie ein anderes Ding, von dem sie schreien konnte: »Das will Jenny haben!«

Nach ein paar Tagen wurde dem Jim sonderbar im Bauch. Und in seinem Hals kratzte es. Und in den Ohren kitzelte es. Richtig übel war dem Jim. Die Mutter holte den Arzt. Der Arzt sagte: »Jim, mach den Mund auf. Ich muß schauen, ob du einen roten Hals hast!«

Der Jim hatte keinen roten Hals. Er hatte einen grünen Hals. Der Arzt starrte in Jims grünen Hals. Er hatte noch nie einen grünen Hals gesehen. Das sagte er aber nicht. Er sagte: »Er brütet etwas aus! Man kann es noch nicht sagen! Warten wir ein paar Tage zu!« Der Jim wartete zu. Es wurde von Tag zu Tag ärger. Auch in der Nase juckte es. Und das Halskratzen wurde immer schlimmer.

So ging das zwei Wochen. Dann erwachte Jim eines Morgens und gähnte und hielt sich beim Gähnen die Hand vor den Mund und spürte, daß da etwas über seine Lippen hing. Er sprang aus dem Bett und lief zum Spiegel. Aus seinen Ohren, aus seiner Nase und aus seinem Mund blitzte es grasgrün. Kleine Blätter waren das!

Die Mutter holte wieder den Arzt.

Der Arzt zupfte an Jims Blättern herum, kratzte sich die Glatze und sprach: »Das ist ja eher ein Fall für einen Gärtner!«

So rief die Mutter nach einem Gärtner. Der kam und riß ein Blatt aus Jims rechtem Nasenloch und sprach: »Klarer Fall! Da treibt eine Bohne aus! Das muß eine wunderschöne Bohne gewesen sein!«

Der Jim nickte. Sprechen konnte er nicht, wegen der Blätter im Mund.

Der Arzt sagte: »Ich muß mich erst mit der Ärztekammer beraten!«

Der Gärtner sagte: »Ich muß mich erst mit der Gärtner-Innung beraten!«

Dann gingen der Arzt und der Gärtner, beide kopfschüttelnd, davon.

Von Stunde zu Stunde wuchs mehr und mehr Grünzeug aus Jim. Es wurde immer länger und dichter.

Die Mutter konnte den Jim nicht im Haus behalten. Sie trug ihn in den Garten und setzte ihn ins Rosenbeet. Rechts und links von ihm schlug sie Stecken in die Erde. Daran band sie die Bohnenranken.

Gott sei Dank war Sommer. Der Jim fror nicht. Manchmal war ihm sogar recht heiß. Dann spritzte ihn die Mutter mit dem Gartenschlauch ab. Manchmal regnete es. Wenn es fürchterlich stark schüttete, kam die Mutter und hielt einen Regenschirm über ihn. Dann begann der Jim zu blühen. Orangefarben waren seine Blüten. Und dann kamen die grünen Bohnen aus Jim.

Schöne, gerade, hellgrüne Bohnen. Die Mutter pflückte jeden Tag ein Körbchen voll. Und das Bohnengrünzeug wuchs noch immer weiter. Dunkelgrün und ganz dicht war es jetzt. Jim saß darin wie in einem Zelt. Man konnte ihn fast gar nicht mehr sehen. Manchmal hörte ihn die Mutter husten und niesen, denn es wurde schon Herbst, und die Nächte waren recht kalt.

Der Bohnen-Jim

Eines Morgens waren die Bohnenblätter gelb. Zu Mittag waren sie braun. Und am Abend waren die Blätter ganz verdorrt und fielen zu Boden. Die Mutter konnte durch die dürren Ranken auf den Jim sehen. Sie winkte ihm zu, dann lief sie zum Gärtner.

Der Gärtner kam, und er wunderte sich überhaupt nicht. »Bohnen sind einjährige Pflanzen«, sagte er. Er holte alle Ranken und Stengel von Jims Kopf und zog sie aus Jims Ohren und Jims Nase und Jims Mund. Das ging leicht und tat dem Jim nicht weh.

Jim ging mit der Mutter ins Haus. Die Mutter öffnete den Küchenschrank. Sie zeigte auf sechzig Einsiedegläser voll grüner Bohnen. Sie sagte: »Jim, die sind alle von dir!«

Von nun an aß der Jim jeden Freitag, wenn die anderen Haferbrei bekamen, seine guten, grünen Bohnen. Die Jenny saß bei ihrem Haferbreiteller und zeigte auf Jims grüne Bohnen und schrie: »Das will Jenny haben!«

Doch die Mutter sagte bloß: »Jenny, halt den Mund!«

Was mein Vater sagt

Mein Vater sagt:

Die, die in einsamer Nacht Frauen überfallen, sollte man erhängen.

Die, die über alles schimpfen und Krawall schlagen, sollte man erhängen.

Die, die Banken überfallen und Geiseln nehmen, sollte man erhängen.

Und die, die Männer sind und trotzdem lange Haare haben, die sollte man natürlich auch erhängen.

Immer will er alle erhängt sehen!

Nie redet er vom erschlagen

    oder erschießen

    oder erwürgen

    oder erstechen

    oder vergiften.

Ich habe ihn gefragt, was er denn eigentlich gegen die anderen Todesarten habe, da hat er zu mir gesagt:

Die, die andere Leute erschlagen

    oder erschießen

    oder erwürgen

    oder erstechen

    oder vergiften,

sollte man auch erhängen.

Meine Oma

Ich kann meine Oma nicht leiden. Sie hat mir zwar nichts getan, aber mir graust so vor ihr. Sie hat eine gelbe, faltige Haut, und das Fett unter der Haut ist schrecklich wabbelig und weich.

Nur ihre Füße sind glatt und rund, weil sie voll Wasser sind. Und wenn man mit einem Finger in diese Beine sticht, entsteht dort eine Beule nach innen.

Ihre Augen haben gar keine richtige Farbe, und zwischen ihren weißen Haaren sieht man die Kopfhaut.

Und das falsche Gebiß nimmt sie immer aus dem Mund und wischt mit einem Taschentuch daran herum, weil Kümmelkörner oder andere Essenreste darauf kleben.

Einmal jammert sie, daß sie nicht aufs Klo gehen kann.

Einmal jammert sie, daß sie dauernd aufs Klo gehen muß.

Und wenn ich ihr mit der Nagelschere die Schnurrbarthaare schneiden muß, dann wird mir speiübel.

Meine Mutter sagt, daß mir vor meiner Großmutter nicht grausen darf, sie sagt, wir werden alle einmal alt und zittrig und brauchen jemanden, der uns dann die Schnurrbarthaare schneidet.

Das sehe ich ein, aber meine Oma kann ich deswegen doch nicht besser leiden.

Ich schiele

Ich schiele.

Das macht den anderen Spaß.

Manchmal klebt mir der Arzt ein Heftpflaster über das linke Brillenglas.

Das mögen die Kinder in meiner Klasse besonders gern.

Dann lachen sie besonders laut.

Und am lautesten lacht der Karli.

Der lacht dann so viel und so laut, daß die anderen gar nicht merken, daß er noch viel mehr schielt als ich.

Mein Großvater

Mein Großvater füttert gerne die Spatzen im Hof mit Brotbröseln. Er liebt die Spatzen.

Die Tauben mag er nicht.

Er trägt immer ein paar getrocknete Kirschkerne in der Tasche. Und einen Gummiring. Wenn sich die Tauben dem Futterplatz nähern, schießt er nach ihnen.

Der Kummer meines Großvaters aber ist, daß sich die Spatzen ebenso betroffen fühlen wie die Tauben, was der Situation auch entspricht, denn mein Großvater schießt furchtbar schlecht.

Es erstaunt mich jedoch sehr, daß ich weder für die Tauben noch für die Spatzen, sondern für meinen Großvater so großes Mitleid empfinde.

Der schwarze Mann

Es war einmal ein kleiner Junge, der hieß Willi. Sehr brav war der Willi nicht. Dauernd tat er etwas, was der Mutter nicht gefiel. Und jedesmal, wenn sich die Mutter über ihn ärgerte, drohte sie: »Willi, wenn du so schlimm bist, wird der schwarze Mann kommen und dich holen!«

Der Willi dachte oft an den schwarzen Mann und malte sich aus, wie der wohl aussehen mochte. Er stellte sich den schwarzen Mann sehr groß vor und sehr breit, mit riesigen Händen und grünen Augen im krebsroten Gesicht, mit Borstenhaaren und einer Teufelszunge und Vampirzähnen.

Einmal saß der Willi in seinem Zimmer und zerlegte den Wecker. Er wollte nachschauen, warum ein Wecker läuten kann. Gerade als er den letzten Knopf von der Weckerhinterseite gezogen hatte, ging die Tür auf. Der schwarze Mann kam herein. Aber er sah ganz anders aus, als der Willi gedacht hatte. Er war uralt und ziemlich schäbig. Und nicht größer als ein Regenschirm. Er hatte weiße Haare mit Ringellocken und Runzeln im Gesicht. Und keine Zähne im Mund. Und trübe, wasserblaue Augen.

Der schwarze Mann schaute auf den Willi und auf den Wecker und schüttelte den Kopf und sagte: »Ohne Schraubenzieher wirst du da nicht weiterkommen!«

Der schwarze Mann

Der schwarze Mann zog einen Schraubenzieher aus der Hosentasche und gab ihn dem Willi. Aber der Willi konnte mit dem Schraubenzieher nicht umgehen. Immer wieder rutschte er ihm aus dem Schraubenschlitz.

Der schwarze Mann plagte sich mit dem Willi und dem Wecker lange herum. Dann war der Wecker zerlegt. Warum der Wecker läuten konnte, verstand der Willi aber noch immer nicht. Gerade als es ihm der schwarze Mann erklären wollte, machte die Mutter die Tür auf. Der schwarze Mann kroch schnell unter das Bett vom Willi, und der Willi saß allein mit dem zerlegten Wecker auf dem Fußboden, als die Mutter zu schimpfen anfing.

Sie schimpfte fürchterlich. »Willi«, schrie sie. »Kinder wie dich holt der schwarze Mann! Das sage ich dir!« Sie sammelte die Weckerräder und die Weckerschrauben vom Boden auf und murmelte dabei: »Das Kind haben wir nicht mehr lange! Das holt der schwarze Mann!«

Der schwarze Mann blieb beim Willi. Am Tag spielte er mit ihm, in der Nacht schlief er beim Willi im Bett. Nur wenn die Mutter ins Kinderzimer kam, kroch er geschwind unter das Bett.

Der schwarze Mann hatte schöne Einfälle. Wenn der Willi den Hagebuttentee nicht trinken wollte, goß der schwarze Mann mit dem Tee den Gummibaum. In der Nacht, wenn der Willi von einem Geräusch munter wurde und nicht mehr einschlafen konnte, erzählte der

147

Der schwarze Mann

schwarze Mann Geschichten. Oder der schwarze Mann bemalte die Mauer hinter Willis Bett mit lauter kleinen schwarzen Männern. Oder er holte heimlich aus der Küche Mehl und Essig und Majoran und Salz und Kakao und machte daraus in Willis Nachttopf einen dicken Brei.

Und jeden Dienstag, wenn es Kohlsuppe gab, war der schwarze Mann besonders nützlich. Der Willi mochte nämlich keine Kohlsuppe. Wenn der Willi in der Küche eine Stunde vor dem Kohlsuppenteller gesessen war und noch immer keinen Löffel gegessen hatte, trug die Mutter den Suppenteller ins Kinderzimer und sagte: »Willi, hier bleibst du, bis der Teller leer ist!«

Der schwarze Mann war ganz gierig nach Kohlsuppe. Kaum war die Mutter aus dem Zimmer, löffelte er den Teller leer.

Eines Tages saßen der Willi und der schwarze Mann im Kinderzimmer und dachten nach, ob sie die Briefmarkensammlung vom Vater zum Spielen holen sollten. Sie dachten so angestrebt nach, daß sie die Mutter nicht kommen hörten.

Als die Zimmertür aufging, kroch der schwarze Mann schnell unter das Bett. Doch diesmal war er nicht schnell genug! Die Mutter sah seinen Hintern unter der Bettdecke verschwinden. Sie fragte: »Willi, was hast du da unter dem Bett?« Der Willi antwortete: »Den schwarzen Mann!«

»So ein Blödsinn!« rief die Mutter. Sie bückte sich und

148

schaute unter das Bett und schaute dem schwarzen Mann mitten ins runzlige Gesicht.

Da stieß sie einen Schrei aus, sprang auf, lief in die Küche und kam mit einem Besen zurück. Sie stocherte mit dem Besen unter das Bett und schrie: »Was für ein ekliges Zeug ist denn das?«

Unter dem Bett begann es fürchterlich zu knurren und zu zischen und zu fauchen und zu knarren. Dann wakkelte das Bett. Ganz so, als ob ein Erdbeben wäre. Und dann kippte das Bett, und der schwarze Mann stand da. Aber er war nicht mehr so groß wie ein Regenschirm, sondern so groß wie ein Kleiderständer und furchtbar breit, und er wuchs weiter und war bald so groß wie ein Schrank. Und krebsrot war er im Gesicht. Und seine Augen funkelten grün. Die Ringellocken waren borstig steif und standen vom Kopf ab, und den Mund hatte er voll spitzer, langer Zähne.

Die Mutter flüchtete in die Küche, der schwarze Mann lief hinter ihr her. Die Mutter kroch unter den Küchentisch.

Der schwarze Mann brüllte: »Unverschämtes Weib! Wagt es, den schwarzen Mann in den Hintern zu stechen! Was fällt der Frau bloß ein?«

»Willi, liebes Kind«, wimmerte die Mutter. »Sag dem schwarzen Mann, daß der mir nichts tun soll, bitte!«

Der Willi sagte: »Schwarzer Mann, die Mutter fürchtet sich, erschreck sie nicht.«

»Gut, daß sie sich fürchtet, sie hat Grund dazu!« brüll-

Der schwarze Mann

te der schwarze Mann. Aber er brüllte schon ein wenig weniger laut.

»Schwarzer Mann, sei nett«, sagte der Willi. »Geh ins Kinderzimmer zurück, bitte! Die Mutter hat es ja nicht bös gemeint!«

»Wenn du meinst«, sagte der schwarze Mann.

Er verschluckte alle seine Vampirzähne und schrumpfte und schrumpfte. Zuerst auf Kleiderständergröße, dann auf Regenschirmgröße. Die Borstenhaare ringelten sich, die Augen wurden wieder wasserblau, blaß und runzelig wurde er auch wieder. Alt und freundlich und schäbig schaute er aus.

»Dann geh ich halt«, murmelte er und marschierte ins Kinderzimmer zurück.

Die Mutter kroch unter dem Küchentisch hervor. »Ach, Willi«, stöhnte sie. »Ach, Willi! Nie mehr sage ich ein Sterbenswort vom schwarzen Mann! Ehrlich wahr!«

Der Willi nickte und sagte: »Ja, Mutter! Das wird gut sein, sonst erschrickst du wieder so sehr!«

Eine mächtige Liebe

Kitti und ihre Eltern wohnten im ersten Stock. Im zweiten Stock wohnten Michl und seine Eltern. Die Wohnung im dritten Stock stand leer. Sie gehörte der »Frau General«. Die war im Pflegeheim, und der Mann, dem das Haus gehörte, wartete ungeduldig darauf, daß die Frau General endlich starb, weil er die Wohnung vorher an niemand anderen vermieten durfte.

Bevor die Frau General ins Pflegeheim gegangen war, hatte sie alle Blumentöpfe auf den Gang vor die Wohnungstür gestellt: Das Philodendron, die Zimmerlinde, den Gummibaum, den Christusdorn und eine Menge anderer grüner Stauden.

Kitti und Michl hatten der Frau General versprochen, die Blumen zu hüten. Und sie hielten ihr Versprechen. Zweimal die Woche gossen sie die Blumen, alle zwei Wochen einmal taten sie Blumendünger ins Gießwasser, und jeden Monat einmal schrieben sie der »Frau General« einen Brief, in dem stand, daß die Blumen gut weiterlebten und keine gelben Blätter hatten und tüchtig wuchsen.

Kitti und Michl nannten den Gang im dritten Stock: unseren Urwald. Sie waren gern dort. Nicht nur zum Blumengießen. Michl hatte eine blaue Luftmatratze in den Urwald gebracht. Kitti hatte eine rote Decke und zwei gelbe Kissen hinaufgetragen. Im Sommer lag die

Eine mächtige Liebe

Decke auf der Luftmatratze, und die Kissen – hübsch ordentlich mit eingeknickten Oberkanten – lehnten am Ende der Matratze, dort, wo sie an die Mauer stieß. Im Winter bauten Kitti und Michl aus der Decke ein Zelt. Die Luftmatratze und die Kissen war dann im Zelt drinnen.

Man mußte genau hinschauen, um das Zelt überhaupt zu bemerken. Es war fast verdeckt von den dunklen Philodendronblättern und den hellen Zimmerlindenblättern und den gestreiften Wasserlilienblättern und den gesprenkelten Gummibaumblättern.

Die Eltern von Kitti und Michl lachten über den Urwald. Sie sagten: »Die zwei lieben sich mächtig! Ein Urwald ist zum Mächtiglieben gerade richtig!«

Und ein bißchen ärgerten sie sich auch über den Urwald. Sie sagten: »Da richtet man den Kindern für teures Geld herrliche Kinderzimmer ein, und dann hocken sie dauernd auf dem zugigen Gang herum!«

Wenn Kitti im Winter Schnupfen hatte, schimpfte die Mutter: »Das kommt davon, weil du dauernd da oben bist!«

Wenn Michl im Sommer Kopfweh hatte, schimpfte die Mutter: »Das kommt davon, weil du dauernd da oben bist!«

Aber in Wirklichkeit waren Kitti und Michl gar nicht »dauernd« im Urwald. Sie gingen ja in die Schule, sie schliefen in den Kinderzimmerbetten, und schwimmen und eislaufen und ins Kino gingen sie auch. Und wenn im

Eine mächtige Liebe

Fernsehen ein hübscher Film war, dann schauten sie den bei Michels Eltern oder bei Kittis Eltern im Wohnzimmer an. Eins allerdings stimmte – wenn Michl oder Kitti sagten: »Wir gehen jetzt nach Hause«, dann meinten sie das sechs Quadratmeter große Stück Gang vor der Tür der Frau General.

Als Kitti und Michl den Urwald drei Jahre lang hatten, ließen sich Kittis Eltern scheiden. Kittis Vater zog aus. Er nahm zwei vollgepackte Koffer mit, den ledernen Fernsehstuhl, den Schreibtisch und vier Kisten Bücher.

Während die Möbelpacker den Kram die Treppen runterschleppten, waren Kitti und Michl im Urwald oben. Im Zelt. Denn es war Winter. Michl fragte Kitti, ob sie nun sehr traurig sei. Kitti sagte: »Nein, er hat sich in eine blonde Dame verliebt, ohne die kann er nicht mehr sein. Außerdem war er ohnehin fast nie mehr da. Und jeden Sonntag, hat er gesagt, wird er mich abholen. Da seh ich ihn dann länger als bisher!«

Der Vater holte Kitti wirklich jeden Sonntag ab. Und er brachte ihr immer ein teures Geschenk mit. Kitti trug alle Geschenke in den Urwald. Sie wünschte sich von ihrem Vater nur Dinge, die im Urwald zu brauchen waren: einen Recorder, eine zweite Decke, einen winzigen Tisch, eine riesige Taschenlampe, einen kleinen Teppich und einen großen Besen samt Schaufel. Und zu Weihnachten schenkte ihr der Vater einen Fernsehapparat,

Eine mächtige Liebe

der mit Batterien betrieben war. Im Urwald gab es ja keine Steckdose.

Michl vergrößerte das Zelt. Sein Vater half ihm dabei. Sie bauten ein festes Lattengerüst und bespannten es mit Decken.

In eine Decke schnitt Michls Mutter ein rechteckiges Loch und steppte durchsichtige Plastikfolie dahinter. Wie ein richtiges Fenster war das.

Michl und Kitti fanden das neue große Zelt so hübsch und so praktisch, daß sie es auch im Sommer stehen ließen. Sie blieben jetzt oft ziemlich lange im Urwald oben. Weil sie den eigenen Fernseher hatten und den kleinen Tisch zum Essen und Licht aus der großen Taschenlampe. Und weil Kittis Mutter fast jeden Abend Besuch hatte. Otto hieß der Besuch. Früher hatte Kittis Mutter darauf bestanden, daß Kitti um neunzehn Uhr – pünktlich – aus dem Urwald herunterkam. Seit der Otto zu Besuch kam, meinte sie: »Wenn es dir Spaß macht, kannst du länger bleiben. So klein bist du ja nicht mehr!« Und zum Otto sagte sie: »Weißt du, die Kitti und der Michl lieben sich nämlich mächtig!«

Michl fragte Kitti: »Sag, magst du den Otto eigentlich gut leiden?« Kitti antwortete: »Ich weiß nicht. Aber die Mama mag ihn sehr. Darauf kommt es schließlich an!«

Zu Kittis elftem Geburtstag bekam sie von ihrem Vater eine Haushaltsleiter. Die brauchten Kitti und Michl

154

dringend, um den Urwald abzustauben. Das Philodendron, die Zimmerlinde und der Gummibaum waren bereits an die drei Meter hoch und stießen mit den obersten Blättern an die Decke.

Michl schenkte Kitti eine selbstgebackene Torte mit zwölf Kerzen; eine kleine für jedes Lebensjahr und eine große, die war das Lebenslicht.

Am Geburtstagsabend saßen Michl und Kitti im Zelt im Urwald. Sie hatten eine Spitzendecke über den winzigen Tisch gebreitet, darauf stand die Torte, und alle zwölf Kerzen brannten. Michl und Kitti aßen die halbe Torte auf. Die andere Hälfte wollte Michl in den Eisschrank seiner Mutter stellen, damit sie morgen am Abend weiteressen könnten. Doch Kitti sagte: »Michl, ich bring die Torte dem Otto runter. Der freut sich über was Süßes. Und die Mama freut sich, wenn sich der Otto freut!«

»Meine Mutter glaubt«, sagte Michl, »daß deine Mutter demnächst den Otto heiraten wird!«

»Ja, das glaube ich auch«, sagte Kitti. »Sie hat ihn sehr gern. Sie will nicht, daß er am Abend weggeht, und sie hätte ihn auch gern beim Frühstück neben sich. Und wenn er einen Tag gar nicht kommt, dann ist sie traurig. Also wird es besser sein, wenn sie heiraten!«

Später dann – so gegen neun Uhr – kam Kitti mit der halben Torte ins Wohnzimmer ihrer Mutter. Der Otto freute sich über die Torte. Und die Mutter freute sich, weil sich der Otto freute. Der Otto holte eine Flasche

Eine mächtige Liebe

Sekt aus dem Eisschrank und ließ den Stöpsel knallend aus der Flasche sausen und füllte drei Gläser. Das für Kitti nur halb. Kitti stieß mit Otto und der Mutter auf eine glückliche Zukunft an.

»Weil wir schon bei der Zukunft sind«, sagte die Mutter, »da will ich gleich etwas mit dir besprechen!« Und dann erklärte sie Kitti, daß der Otto gern Kittis neuer Vater werden wolle und daß sie sich schrecklich freuen würde, wenn Kitti nichts dagegen einzuwenden habe.

Kitti sagte, sie habe nichts dagegen einzuwenden.

Die Mutter küßte Kitti, und der Otto lächelte ihr zu. Und dann sagte Kittis Mutter: »Und jetzt kommt noch eine Überraschung, Kind!« Die Überraschung war: Der Otto bekam ab nächsten Ersten einen besseren Posten in seiner Firma. Da verdiente er dann doppelt soviel wie vorher. Und die Firma stellte ihm auch eine Wohnung zur Verfügung. Eine riesige Wohnung. Den ganzen ersten Stock einer schönen Villa.

»Und nun rate mal, wo die Villa steht, Kind« rief die Mutter, und ihre Augen glänzten und glitzerten wie gläserne Christbaumkugeln.

Kitti wollte nicht raten.

»In Salzburg steht die Villa!« rief die Mutter. »Im wunderschönen Salzburg! In meiner Lieblingsstadt! Wir übersiedeln nämlich nach Salzburg!«

»Nein«, sagte Kitti, stand auf, ging aus dem Wohnzimmer, ging in das Kinderzimmer, legte sich ins Bett und murmelte dabei ununterbrochen: »Nein!«

Die Mutter kam zu ihr und redete gut eine Stunde auf sie ein. Sie zeigte ihr ein Foto von der wunderschönen Villa und versprach, auf dem Dachboden der Villa einen riesigen Urwald aufzustellen. Sie behauptete, in Salzburg seien die Schulen und die Lehrer viel freundlicher, die Spielplätze schöner, die Luft sei gesünder, und die Leute seien viel netter. Nur ein dummes kleines Mädchen, sagte die Mutter, könne so borniert sein, daß es nicht nach Salzburg ziehen wolle.

»Ich geh nicht vom Michl weg«, sagte Kitti.

»In Salzburg wirst du einen anderen Freund finden«, sagte die Mutter.

»Such du dir einen anderen Freund«, sagte Kitti.

»Aber ich liebe den Otto«, rief die Mutter.

»Und ich liebe den Michl«, rief die Kitti.

»Ich schwör dir«, sagte die Mutter, »in einem Jahr hast du den Michl komplett vergessen!«

»Vergiß du den Otto komplett!« sagte Kitti.

»Du wirst noch ein Dutzend anderer Freunde finden«, sagte die Mutter.

»Such du dir ein Dutzend anderer Freunde«, schrie Kitti, drehte sich zur Wand und schloß die Augen.

Da verließ die Mutter seufzend das Kinderzimmer. Kitti hörte sie mit dem Otto reden und hoffte, sie würde dem Otto nun erklären, daß man ganz unmöglich nach Salzburg ziehen könne.

Kitti stieg aus dem Bett und schlich zur Wohnzimmertür, weil sie hören wollte, wie der Otto diese Botschaft

Eine mächtige Liebe

aufnahm. Sie hörte den Otto sagen: »Na ja, sie wird das schon überwinden!«

Kitti wartete, daß die Mutter dem Otto eine Antwort gab, aber es blieb still. Kitti machte die Tür einen Spalt weit auf und sah, daß die Mutter den Otto küßte. Der Kuß dauerte lange. Kitti ging ins Bett zurück, bevor der Kuß zu Ende war.

Am nächsten Morgen, vor der Schule, ging Kitti zur Wohnung ihres Vaters. Der Vater wollte gerade ins Büro fahren. Nur weil Kitti sagte, daß es sehr dringend sei, zog er den Mantel wieder aus und setzte sich mit Kitti ins Wohnzimmer. Kitti wollte dem Vater vom Otto und von Salzburg erzählen, aber der Vater wußte das alles schon. Er sagte: »Deine Mutter und ich haben das alles schon besprochen. Wir kommen nicht zu kurz. Ab jetzt hol ich dich nur jedes zweite Wochenende, dafür bleibst du aber dann zwei Tage bei mir!«

Kitti erklärte dem Vater, daß es ihr gar nicht um die Vater-Tage ginge, sondern um den Michl. Da war der Vater ein bißchen beleidigt und sagte: »Kind, das kann ich nun wirklich nicht ändern!«

»Doch«, rief Kitti. »Das kannst du!«

»Wie denn?« fragte der Vater.

»Ganz einfach«, sagte Kitti. »Ich hab mir das heute nacht überlegt. Die Mama zieht mit dem Otto nach Salzburg, und du ziehst in unsere Wohnung zurück. Und ich bleibe bei dir!«

»Das ist ausgeschlossen«, rief der Vater.

Er zählte eine Menge Gründe auf, warum das ausgeschlossen sei: daß er keinen Haushalt führen könne, sagte er. Daß er dauernd Überstunden machen müsse und sich kaum um Kitti kümmern könne. Und daß er doch die blonde Dame habe. Und daß er die, demnächst schon, heiraten werde. Das sei so gut wie ausgemacht. Und die blonde Dame, die habe ein kleines Haus am Stadtrand, ein reizendes kleines Haus. In dieses Haus, sagte der Vater, werde er nach der Heirat einziehen. »Aber Kindchen«, sagte er, »wenn ich dann wieder verheiratet bin und wenn du wirklich nicht bei diesem Otto in Salzburg wohnen willst, dann kannst du zu uns ziehen. Meine Frau wird sich freuen. Sie mag Kinder.«

Kitti erklärte dem Vater noch einmal, daß es ihr um den Michl ginge, daß sie gar nichts davon habe, wenn sie mit seiner neuen Frau und ihm in einem reizenden Haus wohnen könne.

»Kindchen, so sei doch nicht so stur«, rief der Vater.

Da verabschiedete sich Kitti und ging in die Schule.

Nach der Schule, zu Mittag, nahm Michl Kitti zu seiner Mutter mit. Michl fragte die Mutter, ob Kitti ab nächsten Monat bei ihm im Kinderzimmer schlafen könne und ob die Mutter bereit sei, Frühstück-Mittagessen-Nachtmahl an Kitti abzugeben und ihre Wäsche zu waschen.

»Bügeln und Knöpfe annähen«, sagte Kitti, »kann ich selber.«

Michls Mutter lachte. Dann meinte sie, unter Umstän-

Eine mächtige Liebe

den wäre sie dazu bereit. Zum Beispiel, wenn Kittis Mutter verreisen müsse. Oder krank sei. So aber, ganz ohne richtigen Grund, sei das blanker Unsinn. Und außerdem, sagte sie, würde das Kittis Mutter gar nicht erlauben.

Am Abend saßen Kitti und Michl in ihrem Zelt im Urwald. Sie zerschlugen mit einem Hammer eine rosa Sparsau und einen grünen Sparhund und klaubten einen großen Haufen Münzen aus den Scherben und stopften die Münzen in die Hosentaschen. Michl ließ die Luft aus der Luftmatratze und rollte sie zusammen. Kitti faltete die Decke zu einem Paket, legte die zwei Kissen darauf und band eine feste Schnur darum.

»Mehr haben wir am Anfang auch nicht gehabt«, sagte Michl.

»Und mehr brauchen wir auch nicht!« sagte Kitti.

Sie gingen die Treppen leise hinunter, verließen das Haus und liefen zum Bahnhof. Sie schauten auf dem Fahrplan nach, welcher Zug als nächster wegfahren sollte. Der nächste Zug war ein Schnellzug nach Paris. Und die erste Station hatte er in St. Pölten.

Sie kauften zwei Kinderkarten nach St. Pölten. Sie stiegen in den Zug und setzten sich in ein leeres Abteil. »Wenn jemand kommt und uns fragt«, sagte Michl, »dann sagen wir, wir sind Geschwister und fahren zu unserer Großmutter!«

Aber es kam niemand. Erst als der Zug im Bahnhof von St. Pölten einrollte und Michl und Kitti schon bei der

Eine mächtige Liebe

Waggontür standen, ging ein Schaffner vorbei. Aber der sagte bloß: »Na, ihr beiden!« Dann war er wieder weg.

Kitti und Michl hatten noch drei Hosentaschen voll Münzen. Und Hunger hatten sie auch. Ins Bahnhofsrestaurant wollten sie nicht gehen. Drei Männer in Uniform standen beim Schanktisch. Das waren Nachtwächter einer Wach- & Schließgesellschaft. Kitti hielt sie für Gendarmen.

Kitti und Michl gingen vom Bahnhof auf die Straße hinaus. Es war bald Mitternacht. Alle Läden und alle Kaffeehäuser und Restaurants hatten geschlossen. Sie gingen zuerst die Straße hinunter, dann zum Bahnhof zurück, dann die Straße hinauf und wieder zum Bahnhof zurück. Sie setzten sich in den Wartesaal. Außer ihnen war niemand dort. Michl rollte die Luftmatratze auf. Kitti nahm die Schnur vom Decken-Kissenpaket. Sie legten die Luftmatratze auf die Wartebank, legten sich drauf, schoben die Kissen unter die Köpfe und deckten sich mit der Decke zu.

Als sie erwachten, standen ein Gendarm und ein Schaffner vor ihnen. Der Gendarm lachte: »Da haben wir ja das Liebespaar«, sagte er. Und:»Das muß aber eine mächtige Liebe sein!«

Der Gendarm nahm Michl und Kitti mit zur Gendarmerie. Dort waren noch drei andere Gendarmen, die waren auch sehr heiter.

Kitti und Michl bekamen Tee und Wurstbrote von

Eine mächtige Liebe

den Gendarmen. Und kaum eine Stunde später ging die Wachzimmertür auf, und Michls Vater und Kittis Mutter kamen herein. Michls Vater sagte zu Michl: »Du kleiner Spinner, du!«

Kittis Mutter rief: »Ach, Kindchen!« und umarmte und küßte Kitti.

Die Gendarmen lachten noch immer. »Ladet uns aber auch zur Hochzeit ein!« rief der Gendarm, der Kitti und Michl im Wartezimmer gefunden hatte, hinter ihnen her, als sie das Wachzimmer verließen.

»Was habt ihr euch denn eigentlich vorgestellt?« fragte Michls Vater im Auto, auf der Heimfahrt. »Was hättet ihr denn tun wollen?«

Kitti gab keine Antwort. Michl sagte: »Aber es war das einzige, was wir noch versuchen konnten!«

Zwei Wochen später fuhr Kitti mit ihrer Mutter und dem Otto nach Salzburg. Sie fuhren im Auto vom Otto. Der Otto saß am Steuer. Kitti und ihre Mutter saßen hinten im Wagen.

»Weinst du, Kind?« fragte die Mutter.

Kitti schüttelte den Kopf.

Sie weinte wirklich nicht.

Die Mutter legte einen Arm um Kittis Schultern. »Wir werden es schön haben, wir drei. Du wirst schon sehen«, sagte sie.

Kitti rückte von der Mutter weg und drückte sich gegen die Autotür.

Eine mächtige Liebe

»Aber Kind«, sagte die Mutter. »Aber Kind!« Sie packte Kitti bei den Schultern und zog sie an sich und hielt sie fest. »Aber Kind«, murmelte sie und drückte ihr Gesicht in Kittis Haare.

»Laß mich los! Ich mag das nicht!« rief Kitti.

Die Mutter ließ Kitti los. Kitti rückte wieder zur Tür hin.

»Hast du mich gar nicht mehr lieb?« fragte die Mutter.

»Nein«, antwortete Kitti, und während sie dann in das entsetzte Gesicht der Mutter sah, spürte sie seit vielen Tagen zum erstenmal wieder so etwas Ähnliches wie ein Gefühl der Freude.

Was nur dem Franzerl
sein Schutzengel weiß

Manchmal, mitten in der Nacht, wird der Franzerl munter. Dann liegt er ganz still und rührt sich nicht, weil er Angst hat. Er würde gern zu seiner Mutter ins Bett kriechen. Aber das Bett von der Mutter ist weit, und die Mutter sagt, sie ist müd und möchte wenigstens in der Nacht ihre Ruhe haben.

Es gibt keinen Dracula und keinen Vampir, und der Kopf vom Frankenstein, der ist aus Holz. Aber manchmal, mitten in der Nacht, wenn der Franzerl munter wird und ganz still liegt und sich nicht rührt, dann wär es ihm lieber, der Dracula und der Frankenstein und der Vampir wären im Bett bei ihm, als daß er so allein daliegt und sich nicht einmal zittern traut, aus lauter Angst.

Anmerkung: Der Franzerl heißt mit ganzem Namen Franz Josef Steinmeisl und feiert im nächsten Jahr seinen siebzigsten Geburtstag.

Auszug aus einer alten Stadtchronik

... Am Tag, als die Kinder die Macht ergriffen, war so viel an dringlichen Anträgen zu erledigen, die schon aus der Vor-Revolutionszeit anlagen, daß der Große Kinderrat in Sachen »Wohnen« nicht zum Beraten, geschweige denn zum Handeln kam. Schulische Veränderungen, Taschengeldausgabe aus Steuermitteln und diverse Veränderungen zugunsten aller Menschen, die das vierzehnte Lebensjahr noch nicht vollendet hatten, mußten beschlossen werden. Vor allem aber mußten die Erziehungsberechtigungsentzüge ausgesprochen werden. Und in den Tagen danach fand die Kinder-Bewegung weit über die Staatsgrenzen hinaus große Verbreitung, also mußte man zuallererst einmal den ausländischen Kindern solidarisch beistehen. Und als die Lage in den Nachbarländern befriedigt war, gab es Flügelkämpfe zwischen den Radikal-Kindern und den Liberal-Kindern im Großen Kinderrat, die alles andere verdrängten.

Erst als eine Delegation unabhängiger Kinder mit Spruchbändern zum Haus des Großen Kinderrates zog, wobei man laut skandierte:

>»Unsere Wohn-Situation
>ist blanker Hohn!«

und sich am Wege zum Großen Rat immer mehr und

Auszug aus einer alten Stadtchronik

mehr Kinder dieser Demo anschlossen, nahm der Große Kinderrat das Wohnproblem auf die Tagesordnung.

In Ruhe konnte allerdings nicht beraten werden, denn durch die offenen Fenster des Sitzungssaales drangen tausendstimmig viele Parolen herein und hinderten die Abgeordneten an gelassener, emotionsfreier Diskussion.

Donnernd und wütend brüllte es von der Straße her:

»Hätten Geschwister mehr Lebensraum,
täten sie einander weniger haun!«

Und:

»Neun Quadratmeter sind zu klein,
wir wollen in die Wohnzimmer rein!«

Und:

»Uns stauchen sie wie Ölsardinen,
was wir uns wahrlich nicht verdienen!«

Der radikale Flügel des Großen Rates wollte sofort eine Verordnung erlassen, daß ab nächsten Montag der größte Raum einer Wohnung, üblicherweise das Wohnzimmer, den Kindern zu überlassen sei.

Dagegen protestierten die Kinder-der-Mitte. Die Eltern, sagten sie, seien auf die Wohnzimmer versessen. Garantiert würden sie gegen die Verordnung putschen, und ein Eltern-Putsch sei im Moment nicht leicht unter Kontrolle zu bringen.

Die Kinder-der-Mitte waren für die Einführung eines

Auszug aus einer alten Stadtchronik

gemäßigten Wohnraum-Aufteilungs-Schlüssels, 1:2 (zugunsten der Kinder). Sie rechneten erregt herum, wollten die Sache an einem Beispiel von 2 Stück Kindern und 2 Stück Erwachsenen auf 100 m² Wohnraum zur Diskussion stellen, wobei ihnen aber eine sechs-periodisch in die Quere kam und sie sich nicht einigen konnten, ob nun aufzurunden oder abzurunden sei und zu wessen Gunsten man dies tun solle.

Da im Großen Rat aber, quer durch alle Fraktionen, eine Menge schlechter Kopfrechner saß, wurde der vorgeschlagene Wohnraum-Aufteilungs-Schlüssel überhaupt nicht kapiert (mit und ohne periodische Sechs nicht!), und der Antrag der Kinder-der-Mitte wurde abgelehnt. Als es dann noch tausendstimmig zu den Sitzungssaalfenstern hereinbrüllte:

»Weg mit den Kinderräten,
die uns so unfähig vertreten!«,

brach Panik unter den Abgeordneten aus, und Schuschi Schlitzquastel, eine Unabhängige, bei Gesinnungsgenossen als »Die Problemlöserin«, bei Gegnern als »Das Schlitzohr« bekannt, konnte sich in der allgemeinen Ratlosigkeit mit ihrem Vorschlag durchsetzen, und es wurde in aller gebotenen Eile ein Gesetz beschlossen, das lautete: »Ab nächsten Montag sind verboten: Stockbetten für Kinder und Tisch- beziehungsweise Arbeitsplatten für Kinder unter einem Ausmaß von 70 x 140 cm.« Die

Auszug aus einer alten Stadtchronik

Eltern, an allerhand unerfreuliche Maßnahmen der letzten Zeit gewohnt, waren nicht besonders empört, als sie die Verlautbarung hörten. »Soll sein!« murmelten sie. »Diesmal ist die Schikane ja direkt eine minimale!« Sie hatten gegen die neuen Kinder-Norm-Möbel vor allem deshalb nichts einzuwenden, weil die Einzelbetten und die Arbeitsplatten von kinderstaatswegen und gratis ausgeliefert und die alten Kinderzimmermöbel im Zuge dieser Aktion auch gleich eingesammelt wurden.

Am Wochenende vor dem Stichtag-Montag hub nun stadtweit ein Riesengeschiebe und Gerücke an. Aus Genossenschaftshäusern, Gemeindebauten und Eigentumswohnungen fluchte und stöhnte und keuchte es ganz gewaltig. 90% der Kinderzimmer waren zu klein, um Einzelbetten und große Arbeitsplatten aufzunehmen!

So kamen die Eltern – wie Schuschi Schlitzquastl weise vorhergesehen hatte – ganz von allein auf die Lösung, die neuen Kinder-Norm-Möbel in den Wohnzimmern aufzustellen. Weil aber die üppigen Sitzlandschaften der Wohnzimmer in den ehemaligen Kinderzimmern natürlich nicht unterzubringen waren, auch die winzigen Kellerabteile diese Plüsch- und Ledermonstren nicht fassen konnten und Dachböden meistens gar nicht vorhanden waren, transportierten die Eltern die Wohnlandschaften in die Gemeinschaftswaschküchen, die ohnehin kaum mehr benutzt wurden, weil in allen Wohnungen, in Küchen oder Bädern, Privat-Maschinen standen.

Viele, viele Eltern trafen sich, Sitzelemente schlep-

Auszug aus einer alten Stadtchronik

pend, in den Waschküchen, setzten sich zum Verschnaufen ins Weiche, Gepolsterte, kamen miteinander ins Gespräch und fanden es sehr gemütlich so, ohne Kindergeschrei und ganz unter sich.

Dieser Tag, ursprünglich als »Tag der Einführung der Kinder-Norm-Möbel« gedacht, ging in unsere Geschichte als »Gründungstag der Elterngärten« ein.

Sepp und Seppi

Es waren einmal ein Seppi und ein Sepp.

Der Seppi war der Sohn, und der Sepp war der Papa.

Der Sepp hatte den Seppi sehr lieb, und der Seppi hatte den Sepp noch viel lieber.

Der Seppi und der Sepp wohnten mit der Rosi in einem kleinen hellblauen Haus.

Die Rosi war die Mama.

Oben im Haus wohnten sie. Unten im Haus war das Geschäft vom Sepp. Der Sepp verkaufte Äpfel und Zündhölzer, Seife und Essiggurken, Fliegenklatschen und Heringe, Knöpfe und Vogelfutter, Salat und Radieschen und alles, was die Leute sonst noch brauchen.

Der Seppi war immer beim Sepp.

Am Morgen weckte er ihn auf und ging mit ihm ins Badezimmer.

Gähnte der Sepp, gähnte der Seppi, wusch sich der Sepp die Ohren, wusch sich der Seppi die Ohren.

Rasierte sich der Sepp, tat der Seppi, als ob er sich auch rasieren müßte. Mit der Seifenschale fuhr er über seine Wangen und brummte dabei. Das klang wie ein Geräusch, das der Rasierapparat vom Sepp machte.

Am Vormittag verkauften der Sepp und der Seppi Zündhölzer und Äpfel, Essiggurken und Seife, Heringe und Fliegenklatschen, Vogelfutter und Knöpfe, Radieschen und Salat und alles, was die Leute sonst noch brauchen.

Schmeckte dem Sepp das Mittagessen, schmeckte es dem Seppi auch.

Meckerte der Sepp über das Essen, meckerte der Seppi auch.

Hielt der Sepp nach dem Essen einen Mittagsschlaf, legte sich der Seppi zu ihm. Las der Sepp aber nach dem Essen lieber Zeitung, schaute der Seppi Bilderbücher an.

Und am Abend, wenn der Sepp das Geschäft zugesperrt hatte, spielte er mit dem Seppi Zugentgleisung oder Autorennen. Oder sie spielten mit dem Bauernhof. Oder sie bauten ein Haus. Und eine Kirche. Und ein ganzes Dorf.

Wenn die Rosi dem Sepp einen roten Pullover mit weißen Sternen strickte, muß sie dem Seppi auch einen roten Pullover mit weißen Sternen stricken.

Und als der Sepp im Winter vor dem Haus auf dem Eis ausrutschte und sich den linken Knöchel brach und ein Gipsbein bekam, wickelte der Seppi sein linkes Bein in viel weißes Klopapier und humpelte stöhnend herum.

Manchmal konnte der Sepp den Seppi aber nicht brauchen.

Wenn er mit dem Lieferwagen auf den Markt fuhr, um Obst und Gemüse zu holen, nahm er den Seppi nie mit.

Dann spielte der Seppi daheim: Marktfahren.

Aus zwei Sesseln machte er den Lieferwagen. Der Schwimmreifen war das Lenkrad, zwei Taschenlampen waren die Scheinwerfer.

Und wenn er eine Panne hatte, schob er den Lieferwagen zur Rosi. Die Rosi war der Mechaniker. Die putzte die verdreckten Zündkerzen oder flickte das Loch im Auspuff.

Wenn der Sepp ins Wirtshaus ging, durfte der Seppi auch nicht mit. Dann spielte er daheim: Wirtshaus.

Mit dem Teddy und dem Kasperl saß er am Tisch.

»Wirt, noch ein Bier!« rief er.

Die Rosi war der Wirt und brachte ihm Limonade.

Der Teddy war der Huber. Zu dem sagte der Seppi: »Huber, red keinen Blödsinn!« (Weil der Sepp, wenn er aus dem Wirtshaus kam, oft sagte: »Der Huber hat wieder lauter Blödsinn geredet.«)

Und zum Friseur ging der Sepp auch allein.

Dann spielte der Seppi daheim: Friseur.

Er setzte sich auf den Klavierhocker, legte sich ein weißes Handtuch um die Schultern und sagte zum Klavier: »Vorne lang, hinten kurz! Und Schnurrbart stutzen. Aber dalli-dalli, mein lieber Sohn daheim wartet auf mich!«

Einmal, an einem Sonntag, als der Seppi den Sepp aufwecken wollte, war das Bett vom Sepp leer. Im Badezimmer war der Sepp nicht, auf dem Klo war er nicht. Nirgendwo war er!

»Wo ist er« fragte der Seppi die Rosi.

»Mit dem Huber zum Angeln«, sagte die Rosi.

»Was ist Angeln?« fragte der Seppi.

»Fisch fangen«, sagte die Rosi.

»Wo?« fragte der Seppi.

»Beim großen Teich vor der Fabrik«, sagte die Rosi.

»Warum hat er mich nicht mitgenommen?« fragte der Seppi.

»Weil dir Fischfangen keinen Spaß machen würde«, sagte die Rosi.

Das glaubte der Seppi nicht. Alles, was dem Sepp Spaß machte, machte garantiert auch ihm Spaß.

Der Seppi wusch sich nicht, er aß kein Frühstück.

Er zog sich an, und als die Rosi auf dem Klo war, schnappte er seine Rollschuhe und schlich aus dem Haus. Auf Zehenspitzen und ganz heimlich.

Vor der Haustür schnallte der Seppi die Rollschuhe an. Weil man mit Rollschuhen schneller voran kommt als ohne. Und weil der Seppi den Sepp schnell finden wollte.

Der Seppi war schon einmal mit dem Sepp und der Rosi beim großen Teich vor der Fabrik gewesen. Er konnte sich gut daran erinnern. Einen langen Schornstein hatte die Fabrik. Und Enten waren auf dem Teich geschwommen.

Der Seppi rollte die Straße hinunter,

am Kino vorbei, an der Schule vorbei,

an der Bushaltestelle vorbei,
am Park, am Schwimmbad
und am Bahnhof vorbei.
Bald muß der lange Schornstein der Fabrik zu sehen
sein, dachte er.
Er rollte an Gartenzäunen vorbei
und an einer Wiese
und durch einen kleinen Wald. –
Aber den langen Schornstein der Fabrik sah er noch
immer nicht. Bloß sehr müde und sehr hungrig war er.
Und schrecklich ratlos.
Er setzte sich unter einen Baum am Wegrand. Ziem-
lich lange saß der Seppi unter dem Baum, da kam ein
Bub den Weg herauf.
»He, du«, rief der Seppi. »Wo ist der Teich mit der
Fabrik dahinter?«
»Welche Fabrik, welcher Teich?« fragte der Bub.
»Die Fabrik mit dem Schornstein und der Teich mit
den Enten«, sagte der Seppi.
»Gibt es hier nicht«, sagte der Bub.
»Sicher nicht?« fragte der Seppi.
»Wir haben nur einen Teich ohne Enten. Neben der
Kirche«, sagte der Bub.
»Den kann ich nicht brauchen«, sagte der Seppi. »Ich
suche meinen Papa, der angelt im Teich vor der Fa-
brik.«
»In unserem Teich angelt auch jemand«, sagte der
Bub.

Da dachte der Seppi: Aha! Die Mama hört ja nie richtig hin, wenn der Sepp etwas erzählt. Der Mann beim Teich neben der Kirche ist sicher der Papa!

»Soll ich dich zu unserem Teich führen?« fragte der Bub.

Der Seppi nickte.

Er schnallte die Rollschuhe ab, hängte sie über die Schulter und ging neben dem Buben her.

»Ich bin der Rudi«, sagte der Bub. »Weil ich gerne Kipferln esse, nennen sie mich auch Kipferl-Rudi.« Er holte aus der linken Hosentasche ein Kipferl und biß hinein.

»Laß mich auch einmal abbeißen!« bat der Seppi.

»Nein, das Kipferl brauch ich selber, sonst fall ich vom Fleisch«, sagte der Rudi. Er holte aus der rechten Hosentasche noch ein Kipferl und gab es dem Seppi.

Mit drei großen Bissen hatte der Seppi das Kipferl verschlungen. »Ich habe heute noch nichts gegessen gehabt«, sagte er zum Kipferl-Rudi.

Da holte der Rudi noch ein Kipferl aus der Hemdtasche.

»Nimm«, sagte er. »Das ist meine Reserve-Notration!«

Der Seppi aß das Kipferl und sagte mit vollen Backen: »Wenn wir bei meinem Papa sind, bekommst du dafür eine Tafel Schokolade!«

Der Sepp hatte immer ein paar Tafeln Schokolade im Handschuhfach vom Auto.

Als sie zum Teich neben der Kirche kamen, war der Seppi bitter enttäuscht. Der Mann, der dort angelte, war alt und klein und dick. Schon von weitem sah der Seppi, daß das nicht der Sepp war. Traurig fragte er: »Gibt es nicht doch noch einen anderen Teich?«

»Ich erkundige mich«, sagte der Kipferl-Rudi.

Er steckte zwei Finger in den Mund und pfiff darauf. Einen schrillen Pfiff stieß er aus.

»Damit der Hupen-Franzi kommt«, erklärte er dem Seppi. »Der kommt viel herum, der kennt sich aus.«

Es dauerte gar nicht lange, dann hörte der Seppi leises Hupen. Und dann wurde das Hupen lauter und immer lauter, und ein knallrotes Auto kam angefahren.

»Was gibt's?« rief der Franzi.

Der Kipferl-Rudi holte drei winzige Schoko-Kipferln aus der hinteren Hosentasche, gab dem Seppi eines, gab dem Franzi eines, steckte selber eines in den Mund und sagte: »Er sucht den großen Teich vor der Fabrik!«

»Der ist am anderen Ende der Stadt!« sagte der Hupen-Franzi. Er deutete in die Richtung, aus der der Seppi gekommen war.

»Ich bin aber schon so müde.« Dem Seppi stiegen Tränen in die Augen.

Der Franzi kletterte aus dem Tretauto. »Setz dich rein«, sagte er zum Seppi.

Da wischte sich der Seppi die Tränen aus den Augen und setzte sich ins Auto.

Der Kipferl-Rudi schnallte sich den rechten Rollschuh

vom Seppi an, der Hupen-Franzi schnallte sich den linken Rollschuh vom Seppi an.

Der Kipferl-Rudi stellte den linken Fuß auf die hintere Stoßstange vom Tretauto, der Hupen-Franzi stellte den rechten Fuß auf die hintere Stoßstange vom Tretauto.

»Halt dich fest«, rief der Kipferl-Rudi.

»Es wird nämlich rasant«, rief der Hupen-Franzi.

Mit einer Hand hielt sich der Seppi fest, mit der anderen drückte er auf die Hupe.

Der Kipferl-Rudi und der Hupen-Franzi flitzten mit dem Seppi los,

durch den kleinen Wald und an der Wiese,

an den Gartenzäunen vorbei,

am Bahnhof, am Schwimmbad, am Park, an der Bushaltestelle, der Schule, dem Kino vorbei und die Straße hinauf.

»Halt, stopp, stehenbleiben«, brüllte der Seppi nach hinten.

»Wir sind noch nicht beim Teich vor der Fabrik«, brüllten der Kipferl-Rudi und der Hupen-Franzi nach vorne.

Doch weil der Seppi wie verrückt mit den Armen herumfuchtelte, hielten sie an. Vor dem kleinen hellblauen Haus hielten sie.

Vor der Haustür standen der Sepp und die Rosi.

Als sie sahen, wer da im Tretauto hockte, kamen sie angelaufen.

»Ich hab schon Bauchweh aus lauter Angst um dich«, rief die Rosi.

Der Sepp hob den Seppi aus dem Tretauto.

»Ich habe nach dir gesucht«, sagte der Seppi.

»Nächsten Sonntag nehme ich dich zum Angeln mit«, sagte der Sepp. »Großes Ehrenwort!«

»Nächsten Sonntag ist mein Geburtstagsfest«, sagte der Hupen-Franzi zum Seppi. »Alle meine Freunde kommen. Kommst du auch?«

»Es gibt viele, viele Kipferln«, sagte der Rudi.

Der Seppi rutschte aus den Armen vom Sepp. »Fische fangen würde mir ohnehin keinen Spaß machen«, sagte er zum Sepp.

Da schaute der Sepp ein bißchen traurig.

Doch der Seppi tröstete ihn.

»Kannst ja wieder den Huber mitnehmen«, sagte er. »Dann bist du nicht alleine!«

Am nächsten Sonntag ging der Seppi zum Geburtstagsfest. Und lernte auch noch den Toni kennen und die Lotte und den Peter.

Von diesem Sonntag an hatte der Seppi viele Freunde.

Und er brauchte viel Zeit für sie. Er mußte den Sepp oft alleine lassen.

Aber der Sepp hatte den Seppi trotzdem sehr lieb.

Und der Seppi hatte den Sepp trotzdem noch viel lieber.

Und weckte ihn jeden Tag auf und gähnte, wenn der Sepp gähnte, und meckerte über das Essen, wenn der Sepp meckerte, und wusch sich nur dann die Ohren, wenn sich der Sepp die Ohren wusch.

Und manchmal hatte der Seppi auch noch Zeit, um mit dem Sepp mit der Eisenbahn zu spielen.

Oder mit dem Bauernhof.

Oder mit der Autorennbahn.

Oder mit den Bausteinen.

Dann freute sich der Sepp die Ohren rot und rief: »Heute geht's mir gut!«

Anna und die Wut

Es war einmal eine kleine Anna, die hatte ein großes Problem. Sie wurde unheimlich schnell und schrecklich oft wütend. Viel schneller und viel öfter als alle anderen Kinder. Und immer war ihre Wut gleich riesengroß!

Wenn die riesengroße Wut über Anna herfiel, färbten sich ihre Wangen knallrot, ihre seidigen Haare wurden zu Igelstacheln, die knisterten und Funken sprühten, und ihre hellgrauen Augen glitzerten dann raben-schwarz.

Die wütende Anna mußte kreischen, fluchen und heulen, mit dem Fuß aufstampfen und mit den Fäusten trommeln. Sie mußte beißen und spucken und treten. Manchmal mußte sie sich auch auf den Boden werfen und um sich schlagen.

Anna konnte sich gegen die riesengroße Wut nicht wehren. Aber das glaubte ihr niemand. Die Mama nicht, der Papa nicht, und die anderen Kinder schon gar nicht. Die lachten Anna aus und sagten: »Mit der kann man nicht spielen!«

Das Schlimmste an Annas riesengroßer Wut war aber, daß jeder etwas davon abkriegte, der der wütenden Anna in die Nähe kam. Auch die, die ihr überhaupt nichts getan hatten.

Wenn Anna beim Schlittschuhlaufen stolperte und hinfiel, wurde sie wütend. Kam dann der Berti und wollte ihr wieder hochhelfen, schrie sie ihn an: »Laß mich bloß in Ruhe, du Depp!«

Wollte Anna ihrer Puppe Ännchen Zöpfe flechten und schaffte das nicht, weil die Haare von Ännchen dafür viel zu kurz waren, wurde sie wütend und warf die Puppe gegen die Wand.

Bat Anna die Mama um ein Bonbon, und die Mama gab ihr keines, wurde sie wütend und trat dem Papa auf die Zehen. Bloß, weil die Zehen vom Papa gerade näher bei Anna waren als die Zehen der Mama.

Baute Anna aus den Bausteinen einen Turm, und stürzte der ein, bevor er fertig war, wurde Anna wütend und warf die Bausteine zum Fenster hinaus. Und einer davon traf die Katze am Kopf.

Am wütendsten wurde Anna, wenn die anderen Kinder über sie lachten. Da konnte es dann sein, daß sie auf vier große Buben losging. Doch vier große Buben sind viel stärker als eine kleine Anna!

Zwei packten Annas Arme, zwei packten Annas Beine. So liefen sie mit der kreischenden und spuckenden Anna im Park herum und riefen: »Gleich platzt der Giftzwerg vor Wut!« Und alle anderen Kinder kicherten.

Und oft tat sich die wütende Anna selbst weh. Trat sie wütend gegen ein Tischbein, verstauchte sie sich die große Zehe. Oder sie schlug wütend um sich und stieß sich dabei den Ellbogen am Türrahmen blau.

Einmal biß sie sich sogar vor lauter Wut so fest in den eigenen Daumen, daß Blut aus dem Daumen spritzte.

Zwei Wochen lang mußte Anna hinterher mit einem dik-
ken Verband am Daumen herumlaufen.

»So kann das nicht weitergehen«, sagte die Mama.
»Anna, du mußt lernen, deine Wut runterzuschluk-
ken!«

Anna gab sich große Mühe. Sooft sie die Wut kommen
spürte, schluckte sie drauflos!

Um besser schlucken zu können, trank sie Wasser li-
terweise. Doch davon bekam sie bloß einen Schlabber-
Blubber-Bauch und Schluckauf. Und die Wut wurde
noch größer, weil sie sich nun auch über das lästige
»Hick-hick« ärgern mußte.

»So kann das nicht weitergehen«, sagte der Papa.
»Anna, wenn du die Wut nicht runterschlucken kannst,
dann gibt es nur mehr eines: Du mußt der Wut eben aus
dem Weg gehen!«

Anna gab sich große Mühe. Weil sie der Wut aus dem
Weg gehen wollte, ging sie den großen Buben aus dem
Weg, und den anderen Kindern auch; damit niemand
über sie lachen konnte.

Sie ging nicht mehr Schlittschuh laufen. Sie spielte
nicht mehr mit der Puppe Ännchen. Sie bat die Mama
nicht mehr um ein Bonbon. Sie baute aus den Bausteinen
keinen Turm mehr.

In den Park ging sie auch nicht mehr. Sie saß nur mehr
daheim in ihrem Zimmer, auf ihrem Korbstühlchen,
hatte beide Hände auf den Armlehnen liegen und starrte
vor sich hin.

»So kann das nicht weitergehen«, sagten die Mama und der Papa.

»Doch!« sagte Anna. »Wenn ich hier sitzenbleibe, dann findet mich die Wut nicht!«

»Willst du nicht wenigstens ein bißchen stricken?« fragte die Mama.

»Nur nicht!« antwortete Anna. »Da fällt mir dann eine Masche von der Nadel, und ich werde wütend!«

»Willst du nicht wenigstens aus dem Fenster schauen?« fragte der Papa.

»Nur nicht!« antwortete Anna. »Da könnte ich leicht etwas sehen, was mich wütend macht!«

So blieb Anna im Korbstühlchen sitzen, bis am Sonntag der Opa zu Besuch kam. Der brachte für Anna eine Trommel und zwei Schlegel mit. Er sagte: »Anna, mit der Trommel kannst du die Wut wegjagen!«

Zuerst glaubte Anna das gar nicht. Doch weil der Opa Anna noch nie angeschwindelt hatte, war sie dann doch bereit, die Sache zu probieren.

Aber dazu mußte sie zuerst einmal eine ordentliche Wut kriegen.

Anna holte die Bausteine, baute einen Turm und sagte zum Opa: »Wenn der nicht zwei Meter hoch wird, krieg ich einen Wutanfall!«

Nicht einmal einen Meter hoch war der Turm, da stürzte er schon ein.

»Verdammter Mist!« brüllte Anna.

Der Opa drückte ihr die Schlegel in die Hände und

hielt ihr die Trommel vor den Bauch, und Anna trommelte los!

Der Opa hatte nicht geschwindelt. Das Trommeln verscheuchte die Wut! Anna mußte sogar lachen, als sie den kaputten Turm anschaute!

Den ganzen Sonntag tat Anna Sachen, von denen sie wußte: Da könnte mich leicht die riesengroße Wut überfallen!

Sie nähte einen Knopf an. Als im Faden vier Knoten mit Schlingen waren und Anna ihre Haare schon igelsteif werden spürte, riß sie den Faden ab und trommelte. Gleich wurden aus den knisternden Stacheln wieder Seidenfransen, und die Wut war weg!

Dann lief Anna ins Wohnzimmer und drehte den Fernseher an. Weil es gerade einen Krimi zu sehen gab und die Mama nie erlaubte, daß Anna einen Krimi anguckte.

Die Mama kam und drehte den Fernseher ab. Annas Wangen wurden knallrot vor Wut!

Diesmal mußte sie ziemlich lange trommeln, doch es gelang wieder! Die Knallröte verschwand, ganz friedlich und sanft fühlte sich Anna, als sie die Trommel wegstellte.

Am Montag ging Anna mit der Trommel in den Park.

»Da kommt ja der kleine Giftzwerg«, rief ein großer Bub, und die anderen Kinder lachten.

Annas Augen glitzerten rabenschwarz, wie wild schlug

sie auf die Trommel und marschierte an dem großen Buben vorbei.

Da rissen alle Kinder vor Staunen die Augen und die Mäuler auf und marschierten hinter Anna her.

Dreimal machte Anna im Park die Runde, dann ließ sie endlich die Trommelschlegel sinken.

Alle Kinder klatschten Beifall und riefen: »Du kannst ja wunderschön die Trommel spielen!«

Das meinten sie wirklich ehrlich.

Seither hat Anna die Trommel immer, vom Morgen bis zum Abend, vor den Bauch gebunden. Die Schlegel baumeln von ihrem Gürtel. Und kein Kind sagt mehr: »Die Anna spinnt!«

Alle Kinder wollen mit ihr spielen. Dauernd bitten sie Anna: »Sei lieb, trommel uns ein bißchen was vor!«

Anna ist gern so lieb. Aber langsam weiß sie schon nicht mehr, woher sie soviel Wut kriegen soll!

Als die Väter weg waren

In der Schule hatte ich mehrere Freundinnen. Die wichtigste war die Huber Lisi. Die Huber Lisi war langweilig und blöd. Doch sie war die Tochter vom Zuckerbäcker Huber. Wenn ich eine Stunde mit ihr, in ihrem Hof, auf der Klopfstange turnte, stahl sie für mich aus der Backstube ein Stück Schusterbubentorte. Das war ein Stück harte Oblate mit Gelatine-Sacharin-Schaum oben drauf. Ein Stück von der Schusterbubentorte kostete damals zwar nur zwanzig Pfennig. Das war nicht viel. Aber außerdem mußte man für die Schusterbubentorte noch eine Fünf-Deka-Brotmarke hergeben. Und im ganzen Bezirk gab es keine Mutter, die ihrer Tochter eine kostbare Brotmarke für eine Schusterbubentorte gegeben hätte. An wen der Zuckerbäcker Huber seine Schusterbubentorten eigentlich verkaufte, war mir nicht klar. Die Lisi sagte mir: »Mensch, hast du eine Ahnung! Es gibt Leut, die haben Brotmarken zum Saufüttern! So viele!«

Woher die Leute die vielen Brotmarken hatten, wußte die Lisi auch nicht. Damals brauchte man für fast alles Marken. Die Marken waren kleine Eckerln auf der Lebensmittelkarte. Lebensmittelkarten für Kinder und für Säuglinge und für Arbeiter und für Schwerarbeiter und für gewöhnliche Leute. Auf den Lebensmittelkarten für gewöhnliche Leute waren die wenigsten Eckerln. Die

Lebensmittelkarten teilte am Monatsanfang die Hausbesorgerin aus. Es gab Eckerln für Milch und Eckerln für Brot und Eckerln für Fleisch und Eckerln für Fett. Dann gab es noch Sonder-Eckerln. Hin und wieder verlas dann der Radio-Sprecher, daß auf dem Sonderabschnitt Nummer so-und-so der Lebensmittelkarte pro Person 200 Gramm Butterschmalz oder 300 Gramm Orangen aufgerufen wurden.

Je länger der Krieg dauerte, umso weniger Fleisch und Brot und Fett bekam man für die Lebensmittelkarten-Eckerln. Und Sonderaufrufe hatte es schon lange keine mehr gegeben.

Außerdem konnte noch der Arzt Milch und Butter verschreiben. Einmal hat mir unser Doktor für ein halbes Jahr pro Tag einen halben Liter Milch verschrieben. Weil ich so mager war. Da war meine Mutter sehr froh. Ich mochte nämlich keine Milch trinken. Meine Mutter konnte die Milchrezepte heimlich bei unserer Nachbarin gegen Eier eintauschen. Unsere Nachbarin hatte einen Schrebergarten. In dem Schrebergarten hatte sie zwei Hühner.

Von Monat zu Monat gab es weniger zu essen, und Kleider und Schuhe gab es schon gar nicht. Dafür gab es immer mehr Bomben und immer mehr Leute, die sagten: »Den Krieg gewinnen wir nie! Der ist schon längst verloren!«

Die Leute sagten das, obwohl es streng verboten war, und die Nazis, die noch ein Jahr vorher nach der Gestapo geschrien hätten, die schwiegen jetzt, wenn sie so etwas hörten. Nur die Frau Donner rief immer wieder: »Wenn das unser Führer wüßte!«

Doch wir fürchteten uns nicht vor der Frau Donner. Manchmal, wenn sie aus dem Haus ging, dann schoß der Berger Schurli mit der Steinschleuder hinter ihr her. Traf er sie, schrie sie auf, drehte sich um und drohte wütend mit der Faust. Dann brüllte ich: »Wenn das unser Führer wüßte!«

Hinter unserer Küche war ein kleines Kammerl. Das Kammerl war vollgestopft mit alten Sesseln, einem zerlegten Gitterbett, einem zerbrochenen Hutschpferd, einem zerschlissenen grünen Diwan und einem alten Kasten. Weil unsere Wohnung so klein war und es uns überall an Platz fehlte und mein Vater seit Jahren in Rußland als Soldat war, hatte meine Mutter alle Sachen, die meinem Vater gehörten, in den alten Kasten geräumt.

Ich ging oft in das kleine Kammerl. Ich setzte mich auf den grünen, zerschlissenen Diwan und kramte in dem alten Kasten. Ich kannte jeden Socken in der Schachtel, und ich kannte jedes gestopfte Loch in den Socken. Und das Etui mit den kleinen Spielkarten. Und den weichen, roten Pullover. Ich schlüpfte mit den Füßen in die eleganten braun-weißen Schuhe, Größe siebenundvierzig. Ich wickelte mir die bunten Krawatten um den Bauch. Ich schüttelte die roten und die weißen Pokerwürfel im grauen Lederbecher. Ich betrachtete die Fotos im gelben

Pappumschlag. Auf jedem Foto war mein Vater. Ich war starr vor Glück, so einen schönen Vater zu haben. Ich schneuzte mich auch vorsichtig in das blauseidene Stecktuch. Ich roch an den Anzügen.

Meine Mutter sagte oft: »Die Christel, die kann sich an den Vater gar nicht erinnern! So lange ist er schon weg!« Da irrte sich meine Mutter. Ich erinnerte mich sehr gut an meinen Vater. An die vielen schwarzen Haare auf seinem Kopf, und an meine Hand, die sich in den Haaren festhielt. An seine Haut, die viel dunkler und wärmer war als die der meisten Leute. An seine langen, dünnen Finger und die Zigaretten dazwischen und die blaue Schachtel NIL daneben. An seinen schmalen Schnurrbart, der mich am Hals kitzelte.

Und daran erinnere ich mich auch: Ich bin in der Küche. Vor mir steht meine Mutter. Sie schimpft fürchterlich auf mich hinunter. Und plötzlich ist mein riesengroßer, schöner Vater neben mir. Er hebt mich hoch und setzt mich auf seine Schultern, und ich bin ganz weit oben, neben meinem Kopf die weiße Kugel der Küchenlampe und eine staubige Spinnwebe, und meine Mutter ist sehr weit unten. So weit unten, daß ich ihr Schimpfen nicht mehr höre.

Ich liebte die Sachen, die in dem kleinen Kammerl in dem Kasten waren, und ich liebte den Mann, der in Rußland war. Ich liebte ihn viel mehr als alle anderen Leute, mit denen ich zusammenlebte.

Der Vater vom Berger Schurli, meinem Freund, war

tot. Totgeschossen in der Nähe von Stalingrad. Das war schon lange her. Damals hatten sie eine Anzeige mit einem schwarzen Rand und einem schwarzen Hakenkreuz an die schwarze Haustafel gehängt. Auf der ist gestanden, daß der Gefreite Georg Berger für Führer und Vaterland gefallen ist. Und darunter ist gestanden: *In stolzer Trauer, die Hinterbliebenen.*

Aber die Hinterbliebenen waren gar nicht in stolzer Trauer. Die Frau Berger hat wochenlang geschrien und geheult und geflucht. Und der Berger Schurli, der hat einfach nicht begreifen wollen, daß sein Vater tot ist. Er hat immer gesagt: »Wenn mein Vater aus dem Krieg kommt, dann werden wir ...« Oder: »Wenn mein Vater auf Urlaub kommt, dann ...«

Ich sagte oft zum Schurli: »Dein Vater ist tot. Der kommt nicht wieder, nie!«

Da fing dann der Schurli zu weinen an und behauptete, ich sei gemein und lüge.

Die Koch Margit, die mit mir in die Klasse ging, wußte, daß ihr Vater tot war. Er war in einem Flugzeug über Afrika verbrannt. Die Koch Margit war in stolzer Trauer. Sie sagte oft zu uns: »Mein Vater ist für euch alle gefallen!« Und dann wollte sie mit uns spielen und die Anschafferin sein. Aber sie wußte nur blöde Spiele. Wir ließen sie nie mitspielen.

Der Vater von der Schön Hilde war in Rußland vermißt. Meine Großmutter sagte, das ist genausoviel wie tot.

Als die Väter weg waren

Der Vater vom Bauer Otto war in Sibirien in Gefangenschaft. Meine Großmutter sagte, bei den Russen in Gefangenschaft zu sein, ist noch viel ärger als tot.

Manchmal weinte meine Mutter, wenn von meinem Vater sehr lange kein Brief oder keine Feldpostkarte gekommen war. Dann bekam ich Angst.

Zuckerschlecker

Wenn man von der Zeit schreiben will, in der man ein Kind war, muß man vorsichtig sein, weil schwer auseinanderzuhalten ist, an was man sich wirklich erinnert, was einem andere erzählt haben und was man seither aus seinen Erinnerungen gemacht hat. Da gibt es in meiner Erinnerung – zum Beispiel – einen grasgrünen, runden Zuckerschlecker an einem dünnen weißen Holzstiel, und dazu gehört noch ein gelbes Porzellanhäferl, auf das ein brauner Teddybär gemalt war, und ein Stück Lochstikkereispitze mit glänzendem, weinrotem Stoff dahinter; aber der grasgrüne Schlecker ist das Wichtigste an der Erinnerung, er macht sie gut und warm.

Man hat mir erzählt, daß das der erste Zuckerschlekker gewesen ist, den ich in meinem Leben bekommen habe. Ich war damals acht Jahre alt. Es muß zeitig in der Früh gewesen sein, denn in dem gelben Häferl mit dem Teddybären war Kakao, und Kakao habe ich nur zum Frühstück getrunken. Ich muß im Bett meiner Großmutter gesessen sein, denn nur das Bettzeug meiner Großmutter war mit Lochstickerei verziert, und nur die Steppdecke meiner Großmutter war mit glänzendem, weinrotem Stoff überzogen.

Aber die Geschichte, an deren Ende ein grasgrüner, runder Zuckerschlecker in meiner Hand ist, gehört nicht zu meiner Erinnerung, die hat man mir erzählt. Ich erinnere mich nur an meine weinende Mutter. Beim Küchentisch hat sie immer gesessen, den Kopf hat sie auf der Tischplatte liegen gehabt, und weil sie sehr stark geweint hat, haben ihre Schultern gezuckt. Oft ist mein Großvater neben ihr gestanden und hat ihr eine Hand auf die zuckende Schulter gelegt und hat gesagt: »Solang sie ihn nicht als vermißt melden, brauchst noch nicht weinen.«

Meine Mutter weinte, weil mein Vater in Rußland war und weil seit vielen Wochen weder ein Brief noch eine Feldpostkarte von ihm gekommen war. Sie glaubte, mein Vater sei längst tot.

»Ja, warum soll er denn tot sein?« hat mein Großvater einmal gefragt, um meine Mutter zu trösten.

Da hat meine Mutter geschrien: »Ja, warum soll er denn nicht tot sein? Der Scheiß-Krieg ist ja zum Sterben da!«

Dann kam ein Brief, aber nicht von meinem Vater, sondern von einer Wehrmachtsstelle. Meine Mutter saß eine Stunde lang vor dem verschlossenen Brief, sie machte ihn nicht auf. Sie hatte Angst. Sie dachte, in dem Brief steht, daß der Unteroffizier Walter Göth für Führer und Vaterland an der russischen Front gefallen sei.

Mein Großvater machte dann den Brief auf. In dem Brief stand, daß der Unteroffizier Walter Göth schwer verwundet und mit einer Lungenentzündung in Warschau im Lazarett liegt.

Zuckerschlecker

Meine Mutter hat einen Bruder, der schon als ganz junger Bursch ein Nazi geworden war; als die Nazis noch längst nicht an der Macht waren, als die Nazi-Partei noch verboten war. Dieser Bruder war damals bei der SS und saß in Berlin und war ein ziemlich wichtiger Mann im Führerhauptquartier. Meine Mutter rief ihren Bruder an, und er verschaffte ihr die Erlaubnis, nach Warschau zu fahren, um meinen Vater zu besuchen. Mein Großvater hat gesagt: »Da ist der verdammte Sauhund von einem Nazi wenigstens einmal zu was gut!«

Mein Vater war sterbenskrank. Sein Bett stand in einem kleinen Zimmer, das die Leute im Lazarett »das Sterbekammerl« nannten. Dorthin schoben die Krankenschwestern die Betten der Soldaten, von denen sie meinten, daß sie in den nächsten Stunden sicher sterben würden. Sie wollten den anderen Soldaten in den Krankenzimmern den Anblick der toten Soldaten ersparen. »Wenn alle paar Stunden einer im Zimmer stirbt«, sagten die Krankenschwestern, »dann werden die anderen überhaupt nicht gesund.« Sie sagten: »Ans Sterben muß man sich langsam gewöhnen!«

Die Ärzte und die Krankenschwestern im Lazarett waren ans Sterben gewöhnt. Sie amputierten Tag und Nacht zerschossene Beine und Arme, sie flickten aufgerissene Bäuche, sie operierten Granatsplitter aus Fleisch und Knochen, sie spritzten Morphium, wenn einer allzu laut vor Schmerzen brüllte. Und jeden Tag wurden neue sterbenskranke Soldaten von der Front angeliefert, und jede

Nacht starb die Hälfte von ihnen. Meinen Vater rechneten sie zu der Hälfte, die sterben mußte.

Aber dann erhielt der Chefarzt vom Lazarett einen Anruf aus Berlin aus dem Führerhauptquartier. Ich weiß nicht, was der Bruder meiner Mutter dem Chefarzt alles sagte, jedenfalls verlangte er einen täglichen telefonischen Bericht über das Befinden des Unteroffiziers Walter Göth an das Führerhauptquartier, und mein Vater war plötzlich eine sehr wichtige Person. Sie rollten ihn wieder aus dem Sterbekammerl heraus. Einer, über den das Führerhauptquartier täglich Meldung haben wollte, der durfte einfach nicht krepieren. Und als mein Vater trotz aller Fürsorge vom Chefarzt und den Oberärzten und den Krankenschwestern zu krepieren drohte, da ordnete der Chefarzt, der nicht viel von Lungenentzündungen verstand, weil er Facharzt für Urologie war, das Äußerste an: Er ließ einen Arzt aus dem Ghetto holen. Im Ghetto waren die Juden, die noch nicht vergast worden waren. Um das Ghetto herum war viel Stacheldraht, und da waren auch Wachtürme in regelmäßigen Abständen. Auf denen saßen deutsche Soldaten, die schossen jeden Juden tot, der aus dem Ghetto fliehen wollte.

Ein deutsches Wehrmachtsauto holte nun jeden Vormittag den jüdischen Arzt, der früher ein berühmter Lungenspezialist gewesen war, aus dem Ghetto und brachte ihn zu meinem Vater.

Mein Vater hatte sehr hohes Fieber. So viel Fieber,

daß man es auf dem Fieberthermometer nicht messen konnte, weil das Quecksilber das ganze Glasröhrchen ausfüllte.

Mein Vater erinnert sich an den jüdischen Arzt nur wie an ein Stück von einem Fiebertraum: ein weißes Krankenzimmer, ein graues Hitlerbild an der Wand, über ihn gebeugt ein alter, sehr dürrer Mann mit einem weißen Bart und einem schwarzen, zerfetzten Mantel, auf dessen einem Ärmel ein Judenstern war. Der jüdische Arzt redete auch nicht mit meinem Vater. Vielleicht konnte er nicht deutsch. Vielleicht wollte er mit einem deutschen Soldaten nicht reden. Er schmierte meinem Vater die Brust und den Rücken mit einer heißen Salbe ein und legte ihm flache Kissen, mit merkwürdig riechenden Kräutern gefüllt, auf die Brust. Wenn er bei meinem Vater war, durfte kein anderer Arzt und keine Krankenschwester im Zimmer sein.

Mein Vater wurde wieder gesund. So gesund, wie man werden kann, wenn sechsundvierzig Granatsplitter die Beinhaut der Knochen verletzt haben und das Herz nicht mehr richtig schlägt.

Eine Krankenschwester erzählte meinem Vater, daß der Chefarzt dem jüdischen Arzt das Erschießen angedroht hatte, für den Fall, daß er meinen Vater nicht vom Sterben abhält. Vielleicht hat der jüdische Arzt meinen Vater nur deshalb gesund gemacht. Andrerseits hat der jüdische Arzt sicher gewußt, daß ihn die Deutschen demnächst ohnehin umbringen. Aber niemand kann wissen,

Zuckerschlecker

wozu man sich zwingen läßt, um ein paar Wochen länger am Leben zu sein. Auch wenn das ein Leben hinter Stacheldraht, in Dreck und Hunger ist.

Angeblich redete mein Vater damals in den Fieberträumen wirr. »Saunazi« und »Scheißhitler« rief er laut und schlug dabei wild mit den Armen herum. Meine Mutter, die neben seinem Bett saß, redete dann ganz laut auf ihn ein, obwohl sie wußte, daß keines ihrer Worte in seine Fieberträume eindrang. Sie redete so laut, damit niemand hörte, was mein Vater sagte. Sie konnte ja nicht wissen, wer im Lazarett ein böser Nazi war. Daß jemand wegen »Scheißhitler« und »Saunazi« angezeigt und verurteilt wurde, war damals leicht möglich.

Meinen Vater plagt es, daß ihn der jüdische Arzt wahrscheinlich für einen großen Nazi gehalten hat. Für einen, der gerne Russen und Polen umbringt und Juden besonders gerne. Für einen, der grinsend an Ghettos vorbeigeht.

»Aber *Scheißhitler* muß er verstanden haben«, sagt mein Vater manchmal. »Wenn ich wirklich dauernd *Scheißhitler* gebrüllt habe, dann hat er das verstanden. Das hat damals jeder verstanden!« So tröstet sich mein Vater. Er hatte ja keine Gelegenheit mehr, dem jüdischen Arzt zu danken und mit ihm zu reden, denn als das Fieber endlich sank, als das, was die Ärzte »Krisis« nennen, vorüber war, kam der jüdische Arzt nicht mehr.

Meine Mutter, die jeden Vormittag den Besuch des jüdischen Arztes vor dem Krankenzimmer abwartete, konnte mit ihm auch nicht reden, denn vor der Krankenzimmertür warteten zwei Soldaten mit Maschinenpistolen, die führten den Professor, wenn er aus dem Zimmer meines Vaters kam, weg. Meine Mutter brachte es nicht fertig, die Soldaten zu bitten, ein bißchen zu warten, den Professor nicht gleich am Ärmel zu packen, ihn nicht gleich wegzuführen. Sie sollte kein Wort mit den Soldaten reden, weil sie voll Haß und voll hilfloser Wut auf die zwei Soldaten war. Und sie schämte sich vor dem Professor. Sie sagt, ein paarmal, wie man ihn an ihr vorbeigeführt hat, hat er sie angeschaut, als ob er sie anspucken wollte. Sie sagt, man kann überhaupt nicht beschreiben, wie ihr zumute war. Froh war sie, daß es meinem Vater von Tag zu Tag besser ging, aber aus den anderen Zimmern wurden die Soldaten in das Sterbekammerl gefahren. Und keiner holte sie wieder heraus. Meine Mutter sagt, sie fühlte sich schuldig. Weil sie und mein Vater Ausnahmen waren. Keine andere Frau saß bei ihrem kranken Mann. Kein anderer Soldat hatte einen jüdischen Arzt, der ein berühmter Spezialist war.

Als meine Mutter zehn Tage in Warschau war, war ihre Aufenthaltsgenehmigung abgelaufen. Sie hätte mit ihrem Bruder telefonieren können, daß er die Aufenthaltsgenehmigung verlängern läßt, aber sie tat es nicht. Sie fuhr nach Hause. Am Bahnhof, bevor sie in den Zug stieg, kaufte sie für mich – um zwei Zuckermarken und zwanzig Pfennig – den grasgrünen, runden Zuckerschlecker an dem dünnen weißen Stiel.

Zuckerschlecker

Meine Mutter brauchte vier Tage, bis sie in Wien war, weil die Eisenbahnschienen an vielen Stellen von Bomben zerstört waren, und manchmal gab es dort, wo die Lokomotive Kohlen bekommen sollte, keine Kohlen. Außerdem fuhr der Zug sehr langsam. Viel zu viele Waggons mit verwundeten Soldaten, die nach Deutschland zurückgebracht werden sollten, waren an der Lokomotive dran. Und oft blieb der Zug irgendwo stehen und stand dort stundenlang, und keiner wußte, warum das so war.

Meine Mutter kam sehr früh am Morgen in Wien an. Sie ging vom Bahnhof zu Fuß nach Hause. Bomben hatten auch in Wien die Straßenbahnschienen zerstört. Als sie kam, saß ich im Bett meiner Großmutter, zugedeckt mit der Steppdecke mit der Lochstickerei, und trank den Kakao aus dem gelben Häferl mit dem braunen Teddybären. Meine Mutter erzählte dem Großvater und der Großmutter von Warschau und von meinem Vater. Und sie redete laut, weil meine Großmutter schwerhörig war. Ganz gewiß habe ich alles gehört, und ganz gewiß habe ich auch alles verstanden, von den Juden, die im Ghetto verhungerten oder vergast wurden, von den Soldaten, denen die Beine fehlten und manchmal die Arme auch, von den sechsundvierzig Granatsplittern in meinem Vater drinnen, von seinem Herzleiden und vom jüdischen Professor im zerlumpten Mantel mit dem gelben Stern.

Ich hielt das weiße Staberl vom Zuckerschlecker so

fest umklammert, daß mir die Finger weh taten, und ich dachte: Aber sie haben dort Zuckerschlecker! Grasgrüne Zuckerschlecker! Wenn sie dort Zuckerschlecker haben, dann kann es doch nicht so arg sein! Wenn sie dort Zuckerschlecker haben, dann muß es denen doch auch irgendwie gutgehen!

Ich habe mir das lange vorgesagt, und in der Schule nachher habe ich es auch den anderen vorgesagt. Der Kern Margit, deren Vater über Afrika abgestürzt war, der Mader Irmi, deren Vater vermißt war, der John Hansi, deren Vater in Gefangenschaft war, und der Meisl Erika, deren Vater seit Monaten nicht mehr geschrieben hatte. Ich habe ihnen den Schlecker gezeigt, und ich habe sie einmal schlecken lassen und habe gesagt: »Der ist von dort, wo mein Vater ist! Dort gibt es Zuckerschlecker! Alle Geschäfte sind dort voll Zuckerschlekker!«

Das war nämlich damals eine Zeit, in der man niemanden zum Trösten hatte. Da mußte man sich selber trösten mit einem Zuckerschlecker.

Die Texte dieser Sammlung wurden nach dem Manuskript gesetzt oder nach der ersten Druckfassung neu durchgesehen; einige wurden von der Autorin verändert. Eine Reihe von Texten wurde in Anthologien erstveröffentlicht; hierzu folgende Hinweise:

Als die Väter weg waren in: 4. Jahrbuch der Kinderliteratur, »Der fliegende Robert«, hrsg. von Hans-Joachim Gelberg, Weinheim 1977
Anna und die Wut erstmals als Bilderbuch mit Bildern von Christiana Nöstlinger, Wien 1990. © Jugend und Volk Wien
Auszug aus einer alten Stadtchronik in: 7. Jahrbuch der Kinderliteratur, »Augenaufmachen«, hrsg. von Hans-Joachim Gelberg, Weinheim 1984
Der Bohnen-Jim in: »Die Kinderfähre«, hrsg. von Hans Bödecker, Stuttgart 1972. Danach als Bilderbuch »Das will Jenny haben«, Hannover 1981 (vergriffen) und u. d. T. »Der Bohnen-Jim«, mit Bildern von R. S. Berner, Weinheim 1986
Der schwarze Mann (unter dem Titel »Der schwarze Mann und der große Hund«) in: »Die Kinderfähre«, hrsg. von Hans Bödecker, Stuttgart 1972. Danach als Bilderbuch «Der schwarze Mann und der große Hund«, Weinheim 1973 (vergriffen)
Die Glücksnacht in: 3. Jahrbuch der Kinderliteratur, »Menschengeschichten«, hrsg. von Hans-Joachim Gelberg, Weinheim 1975
Die große Gemeinheit in: »Warten auf Weihnachten«, hrsg. von Barbara Homberg, Hamburg 1978
Die Kummerdose in: »Die Kinderfähre«, hrsg. von Hans Bödecker, Stuttgart 1972. Danach als Bilderbuch »Der kleine Jo«, Hannover 1981 (vergriffen)
Die Zwillingsbrüder in: »Daumesdick. Der neue Märchenschatz«, hrsg. von Hans-Joachim Gelberg, Weinheim 1990
Ein Brief an Leopold in: 5. Jahrbuch der Kinderliteratur, »Das achte Weltwunder«, hrsg. von Hans-Joachim Gelberg, Weinheim 1979
Eine mächtige Liebe in: 5. Jahrbuch der Kinderliteratur, »Das achte Weltwunder«, hrsg. von Hans-Joachim Gelberg, Weinheim 1979
Einer in: 1. Jahrbuch der Kinderliteratur, »Geh und spiel mit dem Riesen«, hrsg. von Hans-Joachim Gelberg, Weinheim 1971; hier in der veränderten Bilderbuchfassung (mit Bildern von Janosch), Weinheim 1980
Florenz Tschinglbell in: »Da kommt ein Mann mit großen Füßen«, hrsg. von Renate Boldt und Uwe Wandrey, Reinbek 1973
Gugerells Hund erstmals als Bilderbuch, Wien 1980 (vergriffen)

Jonny in: »Da kommt ein Mann mit großen Füßen«, hrsg. von Renate Boldt und Uwe Wandrey, Reinbek 1973

Links unterm Christbaum in: »Wenn Weihnachten kommt«, hrsg. von Barbara Homberg, Reinbek 1982

Mein Großvater in: 2. Jahrbuch der Kinderliteratur, »Am Montag fängt die Woche an«, hrsg. von Hans-Joachim Gelberg, Weinheim 1973

Sepp und Seppi in: 8. Jahrbuch der Kinderliteratur, »Die Erde ist mein Haus«, hrsg. von Hans-Joachim Gelberg, Weinheim 1988. Auch als Bilderbuch mit Bildern von Christiana Nöstlinger, Weinheim 1989.

Streng – strenger – am strengsten in: 3. Jahrbuch der Kinderliteratur, »Menschengeschichten«, hrsg. von Hans-Joachim Gelberg, Weinheim 1975

Tomas in: 2. Jahrbuch der Kinderliteratur, »Am Montag fängt die Woche an«, hrsg. von Hans-Joachim Gelberg, Weinheim 1973

Von der Wewerka in: 3. Jahrbuch der Kinderliteratur, »Menschengeschichten«, hrsg. von Hans-Joachim Gelberg, Weinheim 1975

Was meine Tochter sagt in: 2. Jahrbuch der Kinderliteratur, »Am Montag fängt die Woche an«, hrsg. von Hans-Joachim Gelberg, Weinheim 1973

Was nur dem Franzerl sein Schutzengel weiß in: 3. Jahrbuch der Kinderliteratur, »Menschengeschichten«, hrsg. von Hans-Joachim Gelberg, Weinheim 1975

Zuckerschlecker in: »Damals war ich vierzehn«, hrsg. von Winfried Bruckner u. a., Wien 1978

Gulliver Taschenbücher von Christine Nöstlinger

Hugo, das Kind in den besten Jahren
Phantastischer Roman
320 Seiten (78142)   *ab 12*

Jokel, Jula und Jericho
Erzählung. Mit Bildern von Edith Schindler
124 Seiten (78045)   *ab 7*

Die Kinder aus dem Kinderkeller
Aufgeschrieben von Pia Maria Tiralla, Kindermädchen in Wien
Mit Bildern von Heidi Rempen
88 Seiten (78096)   *ab 8*
Ausgezeichnet mit dem Bödecker-Preis

Lollipop
Erzählung. Mit Bildern von Angelika Kaufmann
120 Seiten (78008)   *ab 8*
Auf der Auswahlliste zum Deutschen Jugendbuchpreis

Am Montag ist alles ganz anders
Roman. 128 Seiten (78160)   *ab 10*

Der Neue Pinocchio
Mit farbigen Bildern von Nikolaus Heidelbach
216 Seiten (78150)   *ab 6*

Rosa Riedl, Schutzgespenst
Roman. 200 Seiten (78119)   *ab 10*
Ausgezeichnet mit dem Österreichischen Jugendbuchpreis

Wetti & Babs
Roman. 264 Seiten (78130)   *ab 12*

Zwei Wochen im Mai
Mein Vater, der Rudi, der Hansi und ich
Roman. 208 Seiten (78032)   *ab 11*

Beltz & Gelberg
Beltz Verlag, Postfach 100154, 69441 Weinheim

Gulliver liest

Silvia Bartholl (Hrsg.)
Alles Gespenster!
Geschichten und Bilder. Mit einem Gespenstercomic von Helga Gebert
128 Seiten, Gulliver Taschenbuch (78143) *ab 9*
Durch dieses Buch geistern Gespenster aller Art: freundliche und vorwitzige, ängstliche,
große und kleine. Selbst ein Gespensterbaby ist dabei!

Sophie Brandes
Cascada. Eine Inselgeschichte
Roman. Mit Bildern von Sophie Brandes
208 Seiten, Gulliver Taschenbuch (78179) *ab 10*
Liane zieht mit ihren Eltern und dem Bruder Tarzan auf eine Insel im Süden.
Das neue Leben dort ist ziemlich aufregend! – Eine lebendige Familiengeschichte,
von der neunjährigen Liane selbst erzählt.

Peter Härtling
Ben liebt Anna
Roman. Mit Bildern von Sophie Brandes
80 Seiten, Gulliver Taschenbuch (78001) *ab 9*
Der neunjährige Ben liebt Anna, das Aussiedlermädchen. Und auch Anna hat ihn eine
Weile sehr lieb. Das ist für beide eine schöne, aber auch schwere Zeit …
Zürcher Kinderbuchpreis »La vache qui lit«

Margaret Klare
Liebe Tante Vesna
Marta schreibt aus Sarajevo
88 Seiten, Gulliver Taschenbuch (78169) *ab 9*
In Sarajevo ist Krieg, und das Leben in der Stadt hat sich völlig verändert. Martas
Schule ist geschlossen, viele ihrer Freunde sind geflüchtet. Häuser werden zerstört, oft
gibt es tagelang weder Strom noch Wasser … Margaret Klare hat die Erlebnisse der
10jährigen Marta aufgeschrieben.

Erwin Moser
Ein Käfer wie ich
Erinnerungen eines Mehlkäfers aus dem Burgenland
Mit Zeichnungen von Erwin Moser
212 Seiten, Gulliver Taschenbuch (78029) *ab 10*
Mehli, ein Käfer mit Sehnsucht, möchte gern fliegen,
und so verstrickt er sich in allerhand Abenteuer. Seine Erlebnisse hat er
selbst aufgeschrieben, »eigenfüßig« sozusagen.

Beltz & Gelberg
Beltz Verlag, Postfach 100154, 69441 Weinheim

Gulliver liest

Dagmar Chidolue
So ist das nämlich mit Vicky
Roman. Mit Bildern von Rotraut Susanne Berner
192 Seiten, Gulliver Taschenbuch (78135) *ab 9*
Nele Wagner und Vicky Capaldi passen eigentlich gar nicht zusammen. Trotzdem
sind sie dick befreundet. Als die Wagners in die Sommerferien nach Spanien fahren,
nehmen sie Vicky mit. So turbulent waren die Ferien der Wagners noch nie!

Hans-Joachim Gelberg (Hrsg.)
Geh und spiel mit dem Riesen
Erstes Jahrbuch der Kinderliteratur
304 Seiten, Gulliver Taschenbuch (78085) *Kinder & Erwachsene*
Geschichten, Bilder, Rätsel, Texte, Spiele, Comics und noch viel mehr – das Buch reizt
zum Blättern und Entdecken, zum Schmökern, wo immer man es aufschlägt.
Deutscher Jugendbuchpreis

Karin Gündisch
In der Fremde
und andere Geschichten
72 Seiten, Gulliver Taschenbuch (78149) *ab 9*
Geschichten von Kindern, die mit ihren Eltern und Geschwistern aus Siebenbürgen
weggegangen sind, um in Deutschland eine neue Heimat zu finden.

Simone Klages
Mein Freund Emil
Roman. Mit Bildern von Simone Klages
176 Seiten, Gulliver Taschenbuch (78156) *ab 9*
Seit dieser Emil mit dem komischen Nachnamen in der Klasse ist, läuft bei Katjenka
alles schief. Kein Wunder, daß sie ihn nicht ausstehen kann! Aber dann müssen sie
gemeinsam einen Aufsatz schreiben, und damit beginnt für beide eine aufregende Zeit.

Christine Nöstlinger
Die Geschichten von der Geschichte vom Pinguin
120 Seiten, Gulliver Taschenbuch (78155) *ab 10*
Emanuel liebt Pinguine. Emanuels Vater liebt Emanuel. Die Großtante Alexa liebt den
Vater und Emanuel, und deshalb sagt sie auch nichts, als Emanuel ein Pinguinbaby
aufzieht. Keine einfache Sache!
Auswahlliste zum Deutschen Jugendliteraturpreis

Beltz & Gelberg
Beltz Verlag, Postfach 1001 54, 69441 Weinheim

GULLIVER FÜR KINDER

Taschenbücher
bei Beltz & Gelberg

Eine Auswahl
für LeserInnen ab 9

Peter Härtling
1 BEN LIEBT ANNA
Roman
Bilder von Sophie Brandes
80 S. (78001) ab 9

Sophie Brandes
12 HAUPTSACHE,
JEMAND HAT DICH LIEB
Roman. Bilder von
Sophie Brandes
160 S. (78012) ab 10

Walter Moers
25 DIE SCHIMAUSKI-METHODE
Vierfarbige Bildergeschichten
56 S. (78025) ab 10

Susanne Kilian
26 KINDERKRAM
Kinder-Gedanken-Buch
Bilder von
Nikolaus Heidelbach
128 S. (78026) ab 10

**Horst Künnemann/
Eckart Straube**
27 SIEBEN KOMMEN DURCH
DIE HALBE WELT
Phantastische Reise in
22 Kapiteln
Bilder von Eckart Straube
184 S. (78027) ab 10

Erwin Moser
29 EIN KÄFER WIE ICH
Erinnerungen eines Mehlkäfers
Zeichnungen von Erwin Moser
212 S. (78029) ab 10

Peter Härtling
35 ALTER JOHN
Erzählung
Bilder von Renate Habinger
112 S. (78035) ab 10

Klaus Kordon
37 ICH BIN EIN GESCHICHTEN-
ERZÄHLER
Viele Geschichten und ein Brief
136 S. (78037) ab 10

Klaus Kordon
46 BRÜDER WIE FREUNDE
Roman
152 S. (78046) ab 10

Hans-Joachim Gelberg (Hrsg.)
50 ÜBERALL UND NEBEN DIR
Gedichte für Kinder
in sieben Abteilungen
Mit Bildern von vielen Künstlern
304 S. (78050) Kinder & Erw.

Klaus Kordon
52 TAGE WIE JAHRE
Roman
136 S. (78052) ab 10

Iva Procházková
57 DER SOMMER HAT
ESELSOHREN
Erzählung
Aus dem Tschechischen
Bilder von Svend Otto S.
220 S. (78057) ab 10

Peter Härtling
73 JAKOB HINTER DER
BLAUEN TÜR
Roman
Bilder von
Sabine Friedrichson
104 S. (78073) ab 10

Frantz Wittkamp
83 ICH GLAUBE, DASS DU EIN
VOGEL BIST
Verse und Bilder
Bleistiftzeichnungen von
Frantz Wittkamp
104 S. (78083) ab 10

Hans-Joachim Gelberg (Hrsg.)
85 GEH UND SPIEL MIT DEM
RIESEN
Erstes Jahrbuch der
Kinderliteratur
Mit teils vierfarbigen Bildern
304 S. (78085) Kinder & Erw.

Benno Pludra
86 DAS HERZ DES PIRATEN
Roman. Bilder von Jutta Bauer
176 S. (78086) ab 10

Hans-Joachim Gelberg (Hrsg.)
95 AM MONTAG FÄNGT DIE
WOCHE AN
Zweites Jahrbuch der
Kinderliteratur
Mit teils vierfarbigen Bildern
304 S. (78095) Kinder & Erw.

Hans Manz
98 ADAM HINTER DEM MOND
Zärtliche Geschichten
Bilder von Edith Schindler
112 S. (78098) ab 10

Simon & Desi Ruge
116 DAS MONDKALB IST WEG!
Wie Kumbuke und Lusche-
lauschen eine Reise machen,
sehr abenteuerlich, kaum
zu glauben, etwa sechs
Wochen im ganzen
Bilder von Peter Knorr
264 S. (78116) ab 10

Christine Nöstlinger
119 ROSA RIEDL,
SCHUTZGESPENST
Roman für Kinder
200 S. (78119) ab 10

William Woodruff
121 REISE ZUM PARADIES
Roman. Aus dem Englischen
Bilder von Sabine Wilharm
224 S. (78121) ab 10

Marie Farré
125 MINA MIT DER
UNSCHULDSMIENE
Roman. Aus dem Französischen
Farbige Bilder von
Axel Scheffler
96 S. (78125) ab 10

Hans Christian Andersen
127 MUTTER HOLUNDER
und andere Märchen
Farbige Bilder von Sabine
Friedrichson
200 S. (78127) Kinder & Erw.

Dagmar Chidolue
128 PONZL GUCKT SCHON
WIEDER
Roman
Bilder von Peter Knorr
176 S. (78128) ab 10

Dagmar Chidolue
135 SO IST DAS NÄMLICH
MIT VICKY
Roman. Bilder von
Rotraut Susanne Berner
192 S. (78135) ab 9

Klaus Kordon
138 DIE TAUSENDUNDZWEITE
NACHT UND DER TAG
DANACH
Märchen. Bilder von Erika Rapp
184 S. (78138) ab 10

Juri Korinetz
140 EIN JUNGE UND EIN PFERD
Erzählung. Aus dem Russischen
Bilder von Anne Bous
96 S. (78140) ab 10

Silvia Bartholl (Hrsg.)
143 ALLES GESPENSTER!
Geschichten & Bilder
128 S. (78143) ab 9

Erwin Moser
145 JENSEITS DER GROSSEN
SÜMPFE
Eine Sommergeschichte
Kapitelzeichnungen von
Erwin Moser
200 S. (78145) ab 10

Christine Nöstlinger
146 ANATOL UND DIE
WURSCHTELFRAU
Roman
208 S. (78146) ab 10

Karin Gündisch
149 IN DER FREMDE
und andere Geschichten
72 S. (78149) ab 9

Christine Nöstlinger
155 DIE GESCHICHTEN VON DER
GESCHICHTE VOM PINGUIN
Roman
120 S. (78155) ab 10

Simone Klages
156 MEIN FREUND EMIL
Roman. Bilder von
Simone Klages
176 S. (78156) ab 9

Christine Nöstlinger
160 AM MONTAG IST ALLES GANZ
ANDERS
Roman
128 S. (78160) ab 10

Nasrin Siege
165 SOMBO, DAS MÄDCHEN VOM
FLUSS
Erzählung
112 S. (78165) ab 10

Margaret Klare
169 LIEBE TANTE VESNA
Marta schreibt aus Sarajevo
88 S. (78169) ab 9

Dagmar Chidolue
174 MACH AUF, ES HAT
GEKLINGELT
Roman
Bilder von Peter Knorr
184 S. (78174) ab 10

Andreas Werner
176 DAS GEISTERBUCH
Bilder, Comics und Geschichten
Mit einem Geisterlexikon
Teils vierfarbig
96 S. (78176) ab 10

Sophie Brandes
179 CASCADA, EINE
INSELGESCHICHTE
Roman
Bilder von Sophie Brandes
208 S. (78179) ab 10

Mario Grasso's
186 WÖRTERSCHATZ
Spiele und Bilder mit Wörtern
von A–Z
Teils vierfarbig
128 S. (78186) ab 10

Dagmar Chidolue
187 MEIN PAULEK
Roman
Bilder von Peter Knorr
152 S. (78187) ab 10

Fredrik Vahle
199 DER HIMMEL FIEL AUS ALLEN
WOLKEN
Gedichte
Farbige Bilder von
Norman Junge
136 S. (78199) ab 10

Peter Steinbach
200 DER KLEINE GROSSVATER
Phantastischer Roman
Bilder von Peter Knorr
216 S. (78200) ab 10

Sebastian Goy
205 DU HAST DREI WÜNSCHE FREI
Eine lange Geschichte
Bilder von Verena Ballhaus
120 S. (78205) ab 10

Christine Nöstlinger
213 DER GEHEIME GROSSVATER
Erzählung
160 S. (78213) ab 10

222 DAS GEHEIMNIS DER VIERTEN
SCHUBLADE
und viele andere Geschichten
aus dem Gulliver-Erzähl-
wettbewerb für Kinder
ca. 222 S. (78222)
Kinder & Erw.

Beltz & Gelberg
Postfach 100154
69441 Weinheim